David Chenuet

PANIERS DE SAISONS

Du potager à l'assiette : tout le monde peut cuisiner !

KiWi

SOMMAIRE

PANIERS DE SAISONS

Du potager à l'assiette : tout le monde peut cuisiner !

Éditions Kiwi
5, rue de Charonne, 75011 Paris

Directeur éditorial : Édouard Frison-Roche
Responsable éditoriale : Katia Kaloun
Édition : Paloma Gressien, assistée d'Axelle Quéré
Couverture, création graphique et mise en pages : Charlotte Thomas

ISBN : 978-2-37883-147-9

LIVRE D'OR

En nous faisant découvrir ou redécouvrir la saisonnalité des produits, David Chenuet, si enthousiaste, nous invite à changer : mieux manger pour mieux apprécier les goûts, les saveurs, et ainsi mieux connaître les rythmes de l'agriculture de nos campagnes et les saisonnalités.

David Chenuet présente habilement les fruits et les légumes par saison et propose des recettes simples et savoureuses, accessibles à tous. Cela nous ramène aux sources, comme celles que mon grand-père m'a transmises : la saison du produit, le meilleur mois pour l'acheter, car c'est bien à cette période que les produits vendus sur le marché sont les meilleurs en goût, en saveur et en prix.

Ce livre de cuisine n'est pas le fruit du hasard, mais bien au contraire d'une envie et d'une passion qui, j'en suis sûr, apporteront à ses lecteurs la satisfaction qu'ils attendent. Cuisiner, c'est donner du bonheur, provoquer une émotion.

La dégustation ne doit pas être ternie par des questions de prix. Ce doit être une fête, et c'est ce que vous propose David Chenuet grâce à ces recettes de saison.

Nous avons la chance d'avoir en France un patrimoine culinaire exceptionnel et d'excellents produits agricoles. Je ne doute pas que les suggestions et les intuitions de David Chenuet vous séduiront !

DAVID GALLIENNE

Chef étoilé
Vainqueur de *Top Chef* saison 11, 2020

Ce livre était très attendu, car parfaitement de saison ! Grâce à David Chenuet, nous nous rappelons qu'une année, c'est aussi quatre saisons, ce que nous avions tendance à oublier. En effet, la nature nous livre ce qu'elle a de meilleur au fil des 365 jours.

À la belle saison, le melon, la fraise ainsi que les beaux légumes du printemps et de l'été arrivent dans les jardins familiaux, pour ceux qui ont la chance d'en posséder un. Faute de potager, on les retrouve sur les étals des marchés, si bien chantés par Gilbert Bécaud. Les belles carottes fanes, les magnifiques navets ronds, les bottes d'oignons blancs, et bien d'autres, sans oublier le parfum des herbes : l'estragon, la menthe, le thym et le fenouil. Il y a tant de ces magnifiques produits... Je pense aussi aux belles asperges gorgées de suc et à ces melons fondants à souhait, et les cerises – mon fruit favori – : que cela est beau et bon ! Il y a aussi les pommes de terre nouvelles, à la peau fine, et plein de petits légumes à farcir : les petits pois bien verts qui seront cuisinés avec des oignons nouveaux et quelques lardons pour certains, hum... Nous avons là toute une palette qu'il suffit ensuite de bien assembler.

En cette saison, ma madeleine de Proust refait surface : je me délecte de fraises le matin, à la fraîche. Enfant, je me faisais une joie de me rendre au jardin familial ; la première visite était pour les fraises, bonjour les fraises, pas encore assez mûres pour régaler mon palais d'enfant, il me fallait prendre patience. Si le soleil brille bien les quelques jours suivants, on les dégustera avec délectation. Déjà, elles embaument l'atmosphère. Allez, fais-nous plaisir, cher soleil...

Puis viennent l'automne et l'hiver ; c'est le moment des fruits à coque : les noisettes, les marrons, les potirons ; et puis des choux, des raves, des poireaux, des betteraves rouges et de tant d'autres délicieuses denrées. C'est la saison des plats mijotés : une belle potée, pourquoi pas, une belle daube de bœuf, des plats consistants qui réchauffent le corps. Les pommes de terre sont à l'abri, les carottes dans la cave, enfouies dans du sable, les poireaux restent en terre. L'hiver aussi, il y a de quoi varier la cuisine.

Dans *Paniers de saisons*, David nous livre une palette de recettes appétissantes adaptées à chaque saison, pour le bonheur des amateurs de cuisine en recherche de saisonnalité et en manque d'inspiration.

Le calendrier des produits frais que David a rassemblé met en valeur la meilleure saison pour chaque produit, que ce soient les poissons, les viandes, les fruits ou les légumes, une aide bienvenue pour faire le bon choix tant sur la qualité que sur les prix. Eh oui, en haute saison, les produits sont plus abordables, et tellement meilleurs. Un exemple tout simple : la tradition veut que l'on consomme du homard en fin d'année. Pourtant, c'est aux mois de mai et juin qu'il vit sa pleine saison, et est donc deux fois moins onéreux. Pour les fêtes, remplaçons-le par de la Saint-Jacques, tout aussi gustative et bien de saison.

Bravo, David, je suis certain que votre livre recevra l'accueil souhaité et tellement mérité. *Paniers de saisons* a sa place dans la bibliothèque culinaire de chacun.

GUY LEGAY

Auteur d'ouvrages culinaires
Chef honoraire des cuisines du *Ritz Paris*
Meilleur Ouvrier de France

Il est vrai que nos jeunes générations ne connaissent plus la saisonnalité des fruits et des légumes. Du haut de ses 33 ans, David Chenuet compose un ouvrage culinaire simple, clair et abordable pour tout le monde, tant historiquement que culinairement. Peu d'ouvrages sont là pour nous rappeler ou nous apprendre les saisons des aliments. Eh oui, chaque aliment a sa saison.

Ce livre peut être utilisé par les professionnels comme par tous les cuisiniers amateurs.

À notre époque, où l'on parle de cuisine moléculaire et où les innovations techniques se succèdent, il faut avant tout connaître les bases fondamentales, ce qui inclut la bonne connaissance du marché au fil des mois. David a ainsi réalisé un ouvrage bien utile, qui montre son amour de la cuisine. Lorsqu'il m'a demandé de rédiger cette préface, j'ai vu en lui une véritable passion, et n'oublions pas que sans passion, point d'élévation...

Je tiens donc à féliciter David pour son travail et lui souhaite une réussite continue dans ce beau métier.

GEORGES BLANC

Chef étoilé
Meilleur Ouvrier de France *Honoris Causa* 2019

« Vous qui connaissez bien les fruits et légumes », m'a écrit David Chenuet pour me demander de rédiger une préface à son livre. Cet argument était simple et direct, à l'image du contenu de cet ouvrage.

J'ai été conquis par la clarté de ses descriptions et la rigueur de ses présentations ; ses tableaux mois par mois sont limpides, et ses explications dignes d'un excellent pédagogue.

À l'heure où la jeunesse côtoie tant le virtuel, je félicite avec enthousiasme et j'encourage chaleureusement David Chenuet, qui s'attache avec une telle réussite au concret.

GUY SAVOY

Chef étoilé
Élu Meilleur restaurant du monde 2020 par *La Liste*

LA PASSION PEUT TRANSCENDER UN ÊTRE...

Une cuisine de qualité est une cuisine respectueuse de l'utilisation des produits de saison. À l'époque où il devient de plus en plus normal de penser au coût carbone de chaque aliment que l'on mange, il est indispensable de consommer des produits de proximité et de saison. De plus, avoir une meilleure connaissance des valeurs nutritives et des bienfaits des aliments est, je pense, dans la continuité d'une nouvelle volonté éthique de bien consommer.

David a rédigé ce petit ouvrage à mettre entre les mains de tous les amoureux de cuisine qui souhaitent bien choisir leurs produits pour réaliser de grands plats, conjuguant plaisir gustatif et valeurs nutritives. Ce livre a le mérite d'être clair.

Je détournerais la citation de Molière et dirais « qu'il faut bien manger pour vivre et non pas vivre pour manger ».

Je tiens à féliciter David Chenuet pour ce travail de recherche qui ne manquera pas d'intéresser tous ceux concernés par la qualité et la fraîcheur des aliments qu'ils consomment au fil des saisons. Il y a tellement de fruits et légumes colorés et variés dans nos jardins que nous avons la chance de pouvoir prétendre à une fraîcheur de tous les produits nécessaires à notre bien-être et à notre santé.

Pour cuisiniers professionnels ou amateurs.

MICHEL ROTH

Chef étoilé
Bocuse d'or 1991
Meilleur Ouvrier de France 1991

À mes grands-parents, Suzanne et Daniel Chenuet,
Jacqueline et Jacques Lavollée.

À ma famille, mes ami(e)s et vous.

HIVER

JANVIER

> La noix de Saint-Jacques
> Le poireau
> Le chocolat noir

FÉVRIER

> Le chou rouge
> La mandarine
> Les fruits secs

MARS

> Le céléri-branche
> Le rouget barbet
> Le veau

LA NOIX DE SAINT-JACQUES

La coquille Saint-Jacques doit être achetée bien vivante et dans sa coquille. Une coquille fermée est un gage de qualité, car elle retient l'eau. Si elle est légèrement ouverte, tapotez dessus : une Saint-Jacques vivante se refermera vivement. Si ce n'est pas le cas, passez votre chemin. De plus, un fruit de mer frais ne doit pas diffuser d'odeur gênante.

Pour un parfait accord terre-mer, mariez la Saint-Jacques avec du lard.

Valeurs nutritionnelles pour 100 g/120 kcal

Eau	73 ml
Protides	23,2 g
Glucides	3,2 g
Potassium	340 mg
Magnésium	58,7 mg
Fer	1,3 mg

CRÈME DE CAROTTE AUX SAINT-JACQUES

RECETTE POUR 6 PERSONNES
PRÉPARATION : 10 MIN
CUISSON : 15 MIN

ENTRÉE

LE PANIER DU MARCHÉ

- 6 belles carotte
- Gros sel
- 25 cl de crème liquide
- Cumin en poudre
- 16 noix de Saint-Jacques sans corail
- Une noisette de beurre
- Sel et poivre du moulin

- **Épluchez** les carottes et **coupez-les** en rondelles fines.
- **Plongez-les** dans 1 litre d'eau avec une cuillère à café de gros sel puis **laissez cuire** à couvert 15 minutes.
- **Égouttez** les carottes et **gardez** ¼ de l'eau de cuisson.
- **Versez** la crème liquide dans l'eau que vous avez conservée, **portez à ébullition** et **mixez** votre préparation.
- **Ajoutez** le cumin, puis **mixez** à nouveau.
- **Rectifiez** l'assaisonnement selon votre goût.
- **Poêlez** les noix de Saint-Jacques 2 minutes de chaque côté dans le beurre et **assaisonnez-les** à votre convenance.
- **Versez** la crème de carotte dans les assiettes chaudes.
- **Posez** les noix de Saint-Jacques dans la crème de carotte.
- **Décorez** avec du cerfeuil et servez immédiatement.

LE POIREAU

Le poireau est la vedette de tous les hivers. Choisir un bon poireau n'est pourtant pas de tout repos : il doit être ferme, avoir un pied bien blanc et de belles feuilles d'un joli vert, craquantes lorsqu'on les casse. Il se conserve jusqu'à 15 jours dans le bac du réfrigérateur. Préférez cependant le consommer très rapidement après achat pour profiter au maximum de ses nutriments. Le poireau est un légume peu calorique, bien pourvu en fibres et en eau. Il est ainsi tout à fait indiqué pour ceux qui cherchent à équilibrer leur alimentation. Riche en potassium et en fructose, il a également des vertus diurétiques et aide à éliminer les mauvaises toxines. Ses belles feuilles vertes sont une source remarquable de vitamines et d'antioxydants. Quant à son blanc, il est vivement recommandé pour les intestins paresseux, car ses fibres facilitent le transit. Le poireau peut se consommer sous forme de bouillon, de soupe, cuit à la vapeur ou encore rôti. Il accompagnera très bien les poissons blancs et les salades.

Valeurs nutritionnelles pour 100 g/35 kcal

Eau	86 ml
Glucides	6 g
Fibres	3,5 g
Potassium	300 mg
Magnésium	18 mg
Vitamine C	15 mg
Carotène	2 mg
Vitamine E	1 mg
Fer	1 mg

CRÈME VICHYSSOISE

RECETTE POUR 6 PERSONNES
PRÉPARATION : 5 MIN
CUISSON : 30 MIN

PLAT

LE PANIER DU MARCHÉ

- 400 g de blancs de poireaux
- 800 g de pommes de terre
- 80 g de beurre
- Gros sel
- 30 ml de crème fraîche épaisse
- 30 ml de crème liquide
- 1 botte de ciboulette

- **Coupez** le vert des poireaux. **Rincez** et émincez finement les blancs. **Pelez** les pommes de terre, **lavez-les** et **coupez-les** en petits morceaux.
- **Faites fondre** le beurre dans une casserole et **laissez suer** les blancs de poireaux pendant 3 à 4 minutes.
- **Ajoutez** les pommes de terre et 2 litres d'eau. Salez avec du gros sel.
- **Laissez cuire** doucement à couvert.
- Lorsque les légumes sont cuits, **égouttez-les** partiellement en conservant l'eau de cuisson.
- **Mixez** les légumes et détendez progressivement le mélange en ajoutant l'eau de cuisson, jusqu'à obtention de la consistance souhaitée.
- **Passez** le potage dans un chinois étamine, puis **ajoutez** la crème fraîche et **rectifiez** l'assaisonnement.
- **Fouettez** la crème liquide jusqu'à obtention d'une consistance assez ferme.
- **Servez** la crème vichyssoise dans des ramequins, avec une quenelle de crème fouettée. **Parsemez** de ciboulette ciselée.

LE CHOCOLAT NOIR

Lors de votre achat, privilégiez un chocolat avec une teneur en cacao assez élevée (70 % est un bon compromis, mais on trouve des chocolats plus riches en cacao encore). Surveillez également la teneur en sucre ajouté. Aucune huile de palme et/ou aucun arôme chimique ne doit entrer dans la composition d'un bon chocolat.

Un chocolat qui comporte la mention « chocolat traditionnel » ou « pur beurre de cacao » sera d'une qualité appréciable. Plus le chocolat affiche un pourcentage en cacao élevé, plus il est amer. Au-delà de 80 %, il s'agit d'un chocolat de dégustation.

Un bon chocolat au lait doit contenir un minimum de 25 % de cacao, 14 % de lait en poudre et 25 % de matières grasses. Un bon chocolat blanc doit contenir un minimum de 20 % de beurre de cacao et 14 % de produits issus du lait.

Valeurs nutritionnelles pour 100 g/572 kcal

Glucides	33,3 g
Protides	9,3 g
Eau	1 ml
Potassium	727 mg
Magnésium	206 mg
Calcium	60 mg
Fer	10,7 mg

CUBES TOUT CHOCOLAT

DESSERT

RECETTE POUR 8 PERSONNES
PRÉPARATION : 30 MIN
CUISSON : 20 MIN
REPOS : 2 H 30

LE PANIER DU MARCHÉ

- 1 noix de beurre
- 100 g de chocolat amer
- 200 g de beurre mou
- 80 g de sucre semoule
- 4 œufs
- 50 g de farine

- 4 dl de crème fraîche
- 300 g de chocolat amer
- 2 cuillères à soupe de rhum ambré

- 100 g de chocolat amer

Préchauffez le four à 150 °C et **beurrez** un moule rectangulaire de 20 cm par 30 cm.

Faites fondre le chocolat.

Mélangez le beurre mou avec 40 g de sucre et **ajoutez-y** le chocolat, les jaunes d'œufs et la farine.

Fouettez les blancs en neige ferme, puis **mélangez** au reste du sucre jusqu'à ce que le tout soit lisse et brillant. **Incorporez** ce mélange à la pâte.

Versez dans le moule et laissez cuire pendant 20 minutes au four.

Démoulez et **laissez refroidir**.

Portez la crème à ébullition. Hors du feu, ajoutez le chocolat progressivement. **Laissez reposer** 5 minutes, puis **lissez** à la spatule.

Réservez au frais 1 heure, puis **ajoutez** le rhum. **Battez** au fouet 3 à 4 minutes.

Coupez le biscuit en 3 dans le sens de l'épaisseur.

Étalez la moitié de la crème au chocolat sur la partie inférieure.

Déposez la partie centrale du biscuit par-dessus, puis renouveler l'opération. **Laissez reposer** au frais pendant 1 heure.

Laissez fondre le chocolat dans 5 cl d'eau à feu doux. **Lissez** à la spatule.

Versez sur le gâteau et laissez durcir 20 minutes au réfrigérateur. Lors du service, **découpez** le gâteau en cubes.

LE CHOU ROUGE

Le chou rouge est récolté en hiver. C'est en cette saison que l'on profite le plus de ses vitamines. On peut le conserver 2 à 3 jours dans le bac de réfrigérateur. Pour le choisir, préférez-le dense, lourd et avec des feuilles brillantes. Sucré et croquant, le chou rouge est le plus doux de sa famille. Vous serez étonné d'apprendre qu'il contient plus de vitamine C qu'une orange. Ses anthocyanes, qui lui donnent sa belle couleur pourpre, sont un réel atout, car ils aident à lutter contre le vieillissement et contribueraient même à prévenir l'apparition de certains cancers. Consommé régulièrement, le chou rouge permet de réveiller les intestins et répond à nos besoins en minéraux. Le chou rouge peut aussi bien se cuisiner cru, en salade ou accompagné de fruits frais ou secs, que cuit, braisé et accompagné de volaille ou de viande blanche.

Valeurs nutritionnelles pour 100 g/23 kcal

Eau	91 ml
Glucides	4 g
Fibres	3 g
Protides	1,5 g
Potassium	250 mg
Vitamine C	57 mg
Calcium	52 mg
Magnésium	13 mg
Carotène	0,03 mg

CHOU ROUGE AU LARD

RECETTE POUR 6 PERSONNES
PRÉPARATION : 30 MIN
CUISSON : 1 H À 1 H 30

LE PANIER DU MARCHÉ

- 750 g de chou rouge
- 125 g de saindoux
- 50 g d'oignon rouge
- 500 g de lard
- 1 dl de jus de volaille

Coupez le chou rouge en lanière.

Faites chauffer le saindoux et **faites-y dorer** l'oignon.

Ajoutez le chou.

Mouillez le tout avec ¼ de litre d'eau et le jus de viande.

Salez et poivrez à votre convenance.

Laissez cuire doucement pendant 1 heure.

Ajoutez le lard et **laisser cuire** encore 1 heure 30.

LA MANDARINE

Une belle mandarine doit être parfumée, charnue et ferme au toucher. La peau doit coller à la chair. Autrement, cela indique que le fruit commence à déssécher. Le pédoncule doit également être bien vert.

La mandarine se conserve à température ambiante pendant une semaine ou au réfrigérateur pendant deux semaines.

Aussi savoureuse en version salée que sucrée, la mandarine offre de multiples opportunités d'associations. En mélangeant son écorce amère à du vieux cognac, on obtient une liqueur de mandarine.

Valeurs nutritionnelles pour 100 g/53 kcal

Eau	85 ml
Glucides	13,34 g
Fibres	1,8 g
Protides	0,81 g
Potassium	154 mg
Magnésium	12,40 mg
Fer	0,08 mg

MOELLEUX À LA MANDARINE

DESSERT

RECETTE POUR 6 PERSONNES
PRÉPARATION : 15 MIN
CUISSON : 30 MIN

LE PANIER DU MARCHÉ

- 4 mandarines
- 2 sachets de sucre vanillé
- 3 œufs
- 175 g de sucre
- 175 g de farine
- 100 g de beurre
- 1 sachet de levure

- **Préchauffez** votre four à 200 °C.
- **Pelez** les mandarines et récupérez-en la pulpe et le jus.
- **Réservez** dans un saladier avec le sucre vanillé.
- Dans un second saladier, **mélangez** le beurre fondu, le sucre, la farine, la levure et les œufs.
- **Ajoutez** la pulpe et le jus des mandarines.
- **Travaillez** l'ensemble pendant 2 à 3 minutes.
- **Versez** dans un moule à cake préalablement beurré et fariné.
- **Faites cuire** pendant 30 minutes. **Surveillez** la cuisson avec la pointe d'un couteau : elle doit ressortir légèrement humide, mais dépourvue de pâte.
- **Servez** tiède ou froid.

LES FRUITS SECS

On nomme « fruits secs » les pistaches, amandes, noisettes, cacahuètes, les noix (coco, macadamia, pécan, cajou) et les pignons de pin. Ils font tous partie de la famille des oléagineux. Ils peuvent sécher naturellement, mais sont le plus souvent grillés ou torréfiés. Conservez-les dans un bocal hermétique, à l'abri de la lumière et de la chaleur.

Valeurs nutritionnelles pour 100 g/499 kcal

Glucides	29,9 g
Protides	14,5 g
Eau	12 ml
Potassium	477 mg
Magnésium	87,2 mg
Fer	1,7 mg

CRÊPES AU MIEL ET AUX FRUITS SECS

DESSERT

RECETTE POUR 6 PERSONNES
PRÉPARATION : 10 MIN
CUISSON 15 MIN

LE PANIER DU MARCHÉ

- 80 g de beurre
- 100 g de fruits secs mélangés : pistaches, noix et noisettes
- 2 œufs
- 50 g de miel d'agrumes
- Le zeste râpé d'un citron vert
- 4 gouttes d'extrait de vanille liquide
- 4 gouttes d'extrait d'amande amère
- 100 g de farine
- 50 g de miel
- 1 cuillère à café de jus de citron vert et son zeste râpé

Faites fondre le beurre et **laissez-le refroidir** doucement.

Râpez grossièrement tous les fruits secs et **réservez-en** 25 g.

Cassez les œufs en séparant les blancs des jaunes. **Réservez** les blancs.

Dans une terrine, **fouettez** les jaunes avec le miel d'agrumes jusqu'à ce que le mélange blanchisse.

Ajoutez 30 g de beurre, le zeste de citron, les extraits de vanille et d'amande amère. **Mélangez**, puis **ajoutez** la farine en la tamisant.

Mélangez énergiquement en incorporant les fruits secs râpés.

Battez ensuite les blancs d'œufs en neige ferme et **incorporez-les** délicatement à la préparation.

Faites chauffer un peu de beurre dans une poêle de 26 cm de diamètre.

Versez la pâte dans la poêle. **Laissez cuire** 2 minutes, puis retournez les crêpes et **laissez-les cuire** 1 minute 30. **Réservez-les** .

Versez le miel dans la poêle de cuisson et **faites bouillir** 1 minute.

Ajoutez les fruits secs réservés, le jus et le zeste d'un citron vert, puis **mélangez**.

Nappez les crêpes de ce miel parfumé et **servez aussitôt**.

LE CÉLERI-BRANCHE

Cousin germain du céleri-rave, le céleri-branche est souvent moins prisé. Il offre pourtant de larges possibilités d'associations culinaires. Ses branches se cuisinent crues, en salade, ou cuites, pour accompagner des mijotés ou le pot-au-feu, par exemple. Lorsque vous le choisissez, assurez-vous que le céleri est bien frais : ses branches doivent être charnues et rigides. Ses pétioles doivent quant à eux être blancs et de belle apparence. Il se conserve 2 à 3 jours dans le bac du réfrigérateur.

Le céleri-branche est riche en fibres et en minéraux. De plus, il est très peu calorique et agrémente facilement une alimentation équilibrée. Il se révèle particulièrement original et goûtu en apéritif, accompagné de fromage frais. En salade, il se marie bien avec la laitue, le riz blanc, les endives ou encore assaisonné d'une sauce relevée à la moutarde. Il accompagnera très bien toute sorte de viande, mais préférez-le en mijoté, il est ainsi plus tendre et plus digeste.

Valeurs nutritionnelles pour 100 g/18 kcal

Eau	95 ml
Fibres	2 g
Glucides	1,5 g
Potassium	305 mg
Vitamine C	8 mg
Fer	0,5 mg

SALADE DE BŒUF AU CÉLERI

RECETTE POUR 4 PERSONNES
PRÉPARATION : 15 MIN

PLAT

LE PANIER DU MARCHÉ

- 500 g de rumsteck
- 2 tomates
- 1 branche de céleri
- ½ concombre
- 3 échalotes
- 1 cuillère à soupe de citronnelle, de coriandre fraîche et de menthe

Pour la sauce

- 2 cuillères à soupe de jus de citron vert
- 2 gousses d'ail
- 2 piments oiseau
- 5 cuillères à soupe de nuoc-mâm

Grillez la viande et **coupez-la** en lamelle.

Préparez la sauce en mélangeant le jus de citron, l'ail, le piment et le nuoc-mâm.

Détaillez le céleri en rondelles, les tomates en quartiers et le concombre en bâtonnets.

Émincez les échalotes et **ciselez** les herbes.

Mélangez le tout.

Assaisonnez à votre convenance et **servez** accompagné d'une belle laitue.

LE ROUGET BARBET

Comme tous les poissons de mer que l'on retrouve sur nos étals, le rouget doit avoir une chair ferme et une peau tendue, des nageoires d'un rose soutenu, des ouïes rouges et un œil bien dessiné, non voilé. Il se consomme de préférence frais : congelé, il perd ses qualités gustatives. Chez le poissonnier, demandez à faire lever les filets mais à garder les déchets, très utiles pour réaliser un fumet de poisson. Attention à sa chair très fine et délicate ainsi qu'à ses nombreuses arêtes.

Valeurs nutritionnelles pour 100 g/100 kcal

Eau	74,2 ml
Protides	15,5 g
Potassium	434 mg
Magnésium	28,9 mg
Fer	2,06 mg

ROUGETS AUX CUBES D'ORANGE

RECETTE POUR 4 PERSONNES
PRÉPARATION : 15 MIN
CUISSON : 15 MIN

LE PANIER DU MARCHÉ

- 8 filets de rouget
- 2 cœurs d'endives rouges
- 2 grosses oranges
- 1 beau citron
- 50 g de gingembre frais
- 2 cuillères à soupe de vinaigre de cidre
- 4 pistils de safran
- Huile d'olive
- 1 cuillère à café de sucre
- Sel et poivre du moulin

- **Rincez** les filets de rouget, puis épongez-les et **assaisonnez-les** sur les deux faces.
- **Rincez** les endives et **coupez-les** en deux dans la longueur.
- **Coupez** une orange en deux et pressez-la. **Réservez** son jus avec le jus du citron que vous aurez également pressé.
- **Pelez** la seconde orange à vif et **détaillez-la** en gros dés.
- **Pelez** le gingembre et **coupez-le** en bâtonnets de la taille d'une allumette.
- **Versez** le vinaigre dans une grande poêle.
- **Ajoutez** le sucre et **laissez cuire** jusqu'à ce que le vinaigre se soit évaporé. Vous obtenez un caramel ambré.
- **Ajoutez** le jus des agrumes, le gingembre et le safran.
- **Laissez réduire** de moitié, puis **ajoutez** l'huile.
- **Faites cuire** les filets de rouget côté peau pendant 5 minutes, puis **retournez-les** et **laissez-les cuire** de nouveau pendant 5 minutes.
- **Réservez** dans un plat.
- **Plongez** les cubes d'orange dans le jus de cuisson des rougets et **faites-les chauffer** en les retournant régulièrement.
- **Réservez-les** avec les filets.
- **Faites réduire** le jus jusqu'à obtention d'une consistante sirupeuse.
- **Dressez** les filets de rouget dans quatre assiettes, entourés de cubes d'orange et nappés de jus. **Garnissez** d'endives et **dégustez** tiède ou froid.

PLAT

LE VEAU

Le veau se choisit à sa couleur légèrement rosée ainsi qu'à son gras clair et nacré : c'est le gage d'une viande de qualité. La partie la plus tendre du veau est le filet, qui se situe le long des vertèbres. La noix (muscle interne de la cuisse) est également un morceau très fin. On distingue deux modes d'élevage du veau : le veau standard est élevé en batterie et nourri de lait en poudre, tandis que le veau Label Rouge est élevé sous la mère ou nourri au lait entier.

Valeurs nutritionnelles pour 100 g/172 kcal

Protides	24 g
Lipides	8 g
Potassium	337 mg
Cholestérol	103 mg
Magnésium	58,7 mg

CURRY DE VEAU

RECETTE POUR 4 PERSONNES
PRÉPARATION : 25 MIN
CUISSON : 1 H 10

PLAT

LE PANIER DU MARCHÉ

- 4 oignons
- 3 cuillères à soupe d'huile
- 3 gousses d'ail
- 3 cuillères à soupe de curry doux
- 1,2 kg de veau en cubes
- 30 cl de lait de coco
- 80 g de raisins secs
- 2 pommes
- 30 g de noix de coco râpée
- 10 cl de crème liquide
- Sel et poivre du moulin
- Riz pilaf

- **Pelez** les oignons et **émincez-les**.
- Dans une cocotte, **faites-les dorer** pendant 5 minutes avec un fond d'huile.
- **Ajoutez-y** le curry et l'ail haché.
- **Ajoutez** la viande et **remuez** pendant 3 minutes.
- **Complétez** avec le lait de coco, les raisins et les pommes préalablement pelées et découpées en quartiers.
- **Salez et poivrez** à votre convenance.
- **Couvrez** et **laissez mijoter** 50 minutes.
- Au terme de la cuisson, **versez** la noix de coco râpée et la crème liquide.
- **Faites mijoter** encore 2 minutes afin de lier la sauce.
- **Servez** avec un riz pilaf.

PRINTEMPS

AVRIL
- La fève fraîche
- Le saumon
- Le pamplemousse

MAI
- L'artichaut violet
- La rhubarbe
- L'acacia

JUIN
- Le thon
- Le melon
- La cerise

LA FÈVE FRAÎCHE

Crue ou cuite, la fève est un trésor culinaire souvent ignoré, à tort. Elle se révèle en effet délicieuse à la croque au sel, servie avec une généreuse huile d'olive et du vinaigre balsamique. La fève regorge de vitamine C : 200 g de fèves vous garantissent un apport similaire à ce que vous absorberez avec une orange entière ! Ce légume riche en fer végétal, en fibres et en protéines est plutôt calorique et très rassasiant. Quand vous la cuisez, la fève devient très digeste et ne complique pas la digestion. Elle accompagne très bien les viandes blanches, les poissons gras ainsi que les langoustines.

Valeurs nutritionnelles pour 100 g/117 kcal

Eau	74 ml
Glucides	14 g
Protides	5 g
Fibres	3,4 g
Vitamine C	30 mg
Calcium	26 mg
Fer	2,3 mg

SALADE DE FÈVES FRAÎCHES AUX CREVETTES ROSES

RECETTE POUR 6 PERSONNES
PRÉPARATION : 20 MIN

ENTRÉE

LE PANIER DU MARCHÉ

- 2 kg de fèves fraîches
- 3 oignons nouveaux
- ½ citron vert
- Vinaigre
- Huile d'olive
- 400 g de crevettes roses préalablement cuites
- 3 tiges de ciboulette
- 1 branche d'estragon
- Sel et poivre du moulin

Écossez les fèves, **épluchez** les oignons et **émincez-les**.

Prélevez le zeste du citron, puis **pressez-le**.

Dans un récipient, **mélangez** le citron avec du sel, 1 cuillère à soupe de vinaigre et 3 cuillères à soupe d'huile.

Assaisonnez à votre convenance.

Faites cuire les fèves dans de l'eau bouillante pendant 2 minutes.

Égouttez-les et **retirez** la deuxième peau.

Lorsqu'elles ont refroidi, **mélangez-les** à la vinaigrette.

Décortiquez les crevettes roses.

Dressez dans une assiette les fèves et les crevettes roses.

Parsemez d'oignons émincés, de ciboulette et d'estragon ciselés.

LE SAUMON

C'est en France, en Écosse ou encore en Irlande que sont pêchés les meilleurs saumons. La Norvège reste un producteur plus controversé, du fait de ses pratiques d'élevage intensif.

Il est préférable de choisir un saumon d'élevage – à condition qu'il bénéficie d'un label Rouge ou biologique –, car le saumon sauvage est rare et protégé. Un bon saumon ne doit pas être odorant. Au toucher, il doit rester souple : pour vérifier cette qualité, appliquez une légère pression sur la chaire avec votre doigt, le creux qui en résulte doit être passager. Préférez une peau légèrement humide, sans trace sèche, parée d'écailles brillantes. Si vous choisissez un saumon entier, assurez-vous que ses yeux soient clairs et bien ronds, c'est un gage de qualité. Si vous constatez qu'un voile opaque couvre les yeux, fuyez !

Valeurs nutritionnelles pour 100 g/182 kcal

Eau	59,62 ml
Protides	25,44 g
Potassium	628 mg
Magnésium	37 mg
Fer	1,03 mg

TARTE AU SAUMON ET AU FROMAGE

RECETTE POUR 4 PERSONNES
PRÉPARATION : 30 MIN
CUISSON : 20 À 30 MIN

PLAT

LE PANIER DU MARCHÉ

- Huile d'olive
- 4 œufs
- 125 g de crème fraîche
- Paprika
- 600 g de saumon frais
- 250 g de fromage de Hollande râpé
- 1 rouleau de pâte feuilletée
- Sel et poivre du moulin

- **Préchauffez** votre four à 180 °C.
- Dans une casserole, **faites chauffer** un filet d'huile d'olive.
- **Coupez** le saumon en gros cubes. **Faites-le cuire** pendant 2 à 3 minutes à la casserole, puis **égouttez**.
- Dans un saladier, **cassez** les œufs puis **mélangez-les** avec la crème.
- **Assaisonnez** de sel, de poivre et de paprika.
- **Ajoutez** le saumon et le fromage de Hollande râpé.
- **Foncez** un moule à tarte avec la pâte.
- **Versez** l'appareil et **enfournez** pour 20 à 30 minutes de cuisson.
- **Servez** chaud ou tiède, accompagné d'une petite salade fraîche.

LE PAMPLEMOUSSE

Le pamplemousse est un agrume sucré et gourmand à souhait. Lorsque vous le choisissez, assurez-vous qu'il soit ferme et brillant, avec une peau bien lisse. Un bon pamplemousse doit être lourd en main : c'est la garantie d'une belle pulpe ! Il se conserve une semaine à l'air libre ou quelques jours de plus au réfrigérateur. Sur les étals, si vous le trouvez terne ou flétri, cela signifie qu'il est déshydraté et le fruit sera naturellement plus amer.

Cet agrume est une bonne source de vitamines C et se déguste très bien en sucré comme en salé.

Valeurs nutritionnelles pour 100 g/38,9 kcal

Eau	90 ml
Glucides	6,2 g
Fibres	1 g
Potassium	167 mg
Vitamine C	38 mg
Magnésium	9,2 mg
Fer	0,1 mg

SALADE DE PAMPLEMOUSSE À LA ROSE

RECETTE POUR 2 PERSONNES
PRÉPARATION : 15 MIN
RÉFRIGÉRATION : 3 HEURES

LE PANIER DU MARCHÉ

- 5 pamplemousses roses
- 50 g de pistaches non salées
- 4 cuillères à soupe de sirop de rose
- Quelques loukoums à la rose

- **Pressez** 2 pamplemousses et **versez** le jus obtenu dans un saladier.
- **Ajoutez** le sirop de rose (plus ou moins 4 cuillères, selon le degré d'acidité que vous souhaitez conserver).
- **Pelez** les 3 autres pamplemousses, **découpez** les segments et **placez-les** dans le saladier.
- **Réservez** au frais pendant 3 heures.
- **Taillez** les loukoums en petits dés et **concassez** les pistaches.
- Au moment de servir, **disposez** les segments de pamplemousse dans un bol. **Saupoudrez** de pistaches et de loukoums.
- **Dégustez** bien frais.

L'ARTICHAUT VIOLET

De forme conique, cet artichaut vient de Provence et a une belle couleur violacée. Préférez un artichaut au capitule bien fermé et aux feuilles craquantes. Il se conserve dans un endroit frais et sec, la queue plongée dans de l'eau fraîche.

Cru ou cuit, ce légume est riche en vitamines. Grâce à sa haute teneur en eau, en potassium et en phosphore, il est un excellent diurétique. Il permet également de lutter contre la fatigue grâce à sa forte teneur en calcium, en fer et en magnésium.

L'artichaut violet est délicieux farci à la romaine, en barigoule ou préparé en sauce poivrade.

Valeurs nutritionnelles pour 100 g/40 kcal

Eau	85 ml
Glucides	8 g
Protéines	2 g
Fibres	2 g
Potassium	300 mg
Phosphore	81 mg
Magnésium	60 mg
Calcium	50 mg
Fer	1,3 mg
Vitamine B9	68 µg

ARTICHAUTS AU LARD

PLAT

RECETTE POUR 6 PERSONNES
PRÉPARATION : 20 MIN
CUISSON : 1 H 15

LE PANIER DU MARCHÉ

- 6 jeunes artichauts frais et tendres
- 1 kg de pommes de terre nouvelles
- 100 g de lard
- 40 g de beurre
- 2 dl de bouillon
- Bouquet garni

- **Parez** les artichauts et **lavez-les**.
- **Épluchez** les pommes de terre et coupez-les en quartiers.
- **Coupez** le lard en dés. Dans une cocotte, **faites-le revenir** au beurre chaud.
- **Ajoutez** les artichauts, les pommes de terre et le bouquet garni.
- **Assaisonnez** à votre convenance.
- **Mouillez** avec le bouillon chaud.
- **Couvrez** et **laissez cuire** pendant 1 heure à 1 h 15. Une fois cuites, les feuilles d'artichauts doivent se détacher facilement.

LA RHUBARBE

La rhubarbe est un légume peu calorique et riche en vitamine C. Son acidité prononcée nous pousse souvent à lui adjoindre beaucoup de sucre : ayons la main légère pour ne pas masquer son goût subtil.

La rhubarbe est par ailleurs un excellent laxatif et aide les transits paresseux. On ne consomme pas la feuille – pétiole, de son vrai nom –, mais uniquement la tige qui l'accompagne. Cette dernière devra être verte avec les bords roses.

La rhubarbe se conserve dans le bac à légumes pendant quelques jours. Inutile de la peler, sauf si la tige est très dure et filandreuse. On la consomme très souvent en confiture ou en compote, mais vous pouvez également la préparer en tarte façon meringuée ou encore en crumble, accompagnée d'autres fruits. Elle se marie très heureusement avec certaines épices comme la vanille, la cannelle, la badiane ou le gingembre.

Valeurs nutritionnelles pour 100 g/35 kcal

Eau	65 ml
Glucides	29,1 g
Fibres	2 g
Potassium	210 mg
Vitamine C	8 mg
Magnésium	6 mg
Fer	0,1 mg

BAVAROIS À LA RHUBARBE

DESSERT

RECETTE POUR 6 PERSONNES
PRÉPARATION : 45 MIN
CUISSON : 15 MIN
REPOS : 4 H MINIMUM

LE PANIER DU MARCHÉ

- 170 g de sablés
- 60 g de sucre
- 50 g de beurre mou
- 1 yaourt nature
- 400 g de rhubarbe épluchée et nettoyée
- 25 g de sucre
- 15 g de gélatine
- 2 blancs d'œufs
- 200 g de fromage blanc
- 3 cuillères à soupe de confiture de fruits rouges
- Quelques feuilles de menthe
- Quelques fruits rouges

- Afin de réaliser la base du bavarois, **écrasez** les sablés et **réduisez-les** en chapelure.
- **Malaxez** avec le sucre et le beurre.
- **Tassez** ce mélange au fond d'un moule aux parois amovibles. **Lissez** bien le fond et **réservez** au frais.
- Dans un saladier, **mélangez** le fromage blanc et le yaourt.
- Dans une casserole, **chauffez** la rhubarbe avec le sucre et 7 cuillères à soupe d'eau.
- **Mixez** le tout en compote, puis remettez à feu doux pour **laisser épaissir**.
- **Trempez** les feuilles de gélatine dans un peu d'eau pour les ramollir, puis **incorporez-les** dans la compote de rhubarbe.
- **Laissez tiédir** hors du feu.
- **Incorporez** le mélange ainsi obtenu au fromage blanc et au yaourt.
- **Battez** les blancs d'œufs en neige bien ferme, puis **ajoutez-les** délicatement à la préparation.
- **Versez** sur le fond du gâteau et **placez** au frais pendant 4 heures.
- Juste avant de servir, **démoulez** le bavarois et nappez-le de confiture.
- **Décorez** avec quelques feuilles de menthe et quelques fruits rouges.
- **Dégustez** frais, car le bavarois fond rapidement.

L'ACACIA

L'acacia, également nommé « carouge », est un arbre qui déploie de multiples grappes de fleurs blanches. Ces dernières sont comestibles et se déclinent en de nombreuses recettes, notamment sucrées. Les feuilles et les branches sont quant à elles toxiques.

La floraison a lieu au cours des mois de mai et juin. Partez à la cueillette en fin de matinée, lorsque les fleurs sont bien ouvertes et n'ont pas encore été meurtries par le soleil ou les intempéries.

Veillez à toujours rincer délicatement les fleurs à l'eau fraîche. Fragiles et délicates, elles ne se conservent que quelques heures, après quoi elles perdent leurs arômes.

Valeurs nutritionnelles pour 100 g/18 kcal

Glucides	3 g
Protéines	1 g

BEIGNETS D'ACACIA DU BERRY

DESSERT

RECETTE POUR 4 PERSONNES
PRÉPARATION : 5 MIN
CUISSON : QUELQUES SECONDES

LE PANIER DU MARCHÉ

- 250 g de farine
- 3 œufs
- 30 cl de lait
- 20 cl de bière blonde
- 1 cuillère à café d'huile
- Une pincée de sel
- Une vingtaine de grappes de fleurs d'acacia non traitées
- Sucre semoule

Dans un saladier, **versez** la farine, les œufs, le lait, l'huile, le sel et la bière.

Mélangez énergiquement pour éviter la formation de grumeaux.

Faites chauffer votre friteuse. Si vous ne disposez pas de friteuse, vous pouvez faire frire vos beignets dans un faitout.

Lorsque l'huile est bien chaude, **prenez** une fleur d'acacia, **trempez-la** dans la pâte précédemment réalisée, puis dans la friteuse.

Lorsque le beignet remonte à la surface, **retournez-le** avec une spatule, puis **égouttez-le** sur du papier absorbant.

Saupoudrez de sucre semoule et **dégustez** tiède.

LE THON

Le thon blanc est un poisson vif mesurant au moins 1 mètre pour 120 kilos. Il peut vivre jusqu'à 15 ans. Le thon rouge mesure quant à lui entre 2 et 4 mètres et peut peser jusqu'à 500 kilos. Autrement dit, la pêche au thon se révèle vite sportive !

Le thon est un poisson peu calorique. Il est important de le choisir bien frais. Acheté chez le poissonnier, on le conservera 24 heures maximum au réfrigérateur. La chair de thon blanc s'apparente à du veau et celle du thon rouge à du bœuf. On appelle également ce poisson « le steak de la mer ». Il se décline ainsi en différentes cuissons : bleu, rosé ou bien cuit. La partie la plus fine et la plus prisée se situe entre les flans. La chair de thon ne fond quasiment pas à la cuisson.

Valeurs nutritionnelles pour 100 g/144 kcal

Eau	68,09 ml
Protides	23,30 g
Potassium	252 mg
Magnésium	50 mg
Fer	1,02 mg

TARTE TATIN DE CHÈVRE AFFINÉ, THON ET POIVRONS CARAMÉLISÉS

PLAT

RECETTE POUR 6 PERSONNES
PRÉPARATION : 15 MIN
MARINADE : 1 HEURE
CUISSON : 25 MIN

LE PANIER DU MARCHÉ

- 500 g de thon frais
- 10 cl d'huile d'olive
- 1 cuillère à soupe de miel d'acacia
- 1 cuillère à soupe de sauce soja salée
- 1 boîte de poivrons piquillos à l'huile
- 150 g de bûche de chèvre affiné
- 1 pâte feuilletée
- Sel et poivre du moulin

- **Préchauffez** votre four à 210 °C.
- **Ôtez** la peau et les arêtes du thon.
- **Détaillez-le** en dés d'environ 1,5 cm de côté, puis **faites-les mariner** dans de l'huile d'olive avec le miel et le soja pendant au moins 1 heure.
- **Égouttez** les poivrons et **détaillez-les** en lanières.
- **Huilez** les parois d'un moule à tarte et **disposez** au fond les morceaux de poivron.
- Dans une poêle bien chaude, **faites revenir** les dés de thon avec l'huile de la marinade pendant quelques secondes.
- **Répartissez-les** dans le moule.
- **Découpez** le fromage en morceaux. **Disposez-les** sur les dés de thon. **Arrosez** avec une cuillère à soupe de jus de cuisson du thon.
- **Couvrez** de pâte, puis **retournez** les bords de la pâte et pressez-les bien contre les parois. **Enfournez** 25 minutes.
- **Démoulez** et assaisonnez à votre convenance.
- **Dégustez** tiède ou froid.

LE MELON

Un beau melon doit être lourd en main, ce qui prouve qu'il est gorgé de sucre. Il doit avoir une consistance ferme et légère à la fois. Une craquelure au niveau du pédoncule signe une maturité idéale. Un melon doit sentir bon, même très bon ! Conservez-le dans un endroit frais mais pas au réfrigérateur, autrement, il perd de son goût.

Ce fruit est empli d'eau : il est donc très désaltérant et peu calorique. Il concilie gourmandise et fraîcheur ! Le carotène qu'il contient est un bon antioxydant et prépare la peau au soleil. Le melon améliore la vision et entretient le système immunitaire. Il se déguste en entrée ou en dessert, mais aussi en confiture ou en cocktail. Le melon se marie tout à fait bien avec le jambon de Parme, les crevettes, le basilic et les fruits d'été, comme les fraises, les cerises ou les framboises.

Valeurs nutritionnelles pour 100 g/31 kcal

Eau	92 ml
Glucides	6,9 g
Protides	1 g
Fibres	1 g
Potassium	320 mg
Vitamine C	25 mg
Carotène	2 mg

MELON SURPRISE

RECETTE POUR 4 PERSONNES
PRÉPARATION : 20 MIN
REPOS : 24 HEURES

DESSERT

LE PANIER DU MARCHÉ

- 1 beau melon
- 250 g de fraises des quatre saisons
- 75 g de sucre en poudre
- 5 cl de kirsch
- 1 noisette de beurre
- 1 bobine de ficelle alimentaire

- **Ouvrez** le melon en deux.
- Sans abîmer l'écorce, **retirez** la chair. **Débarrassez-la** des pépins et **détaillez-la** en petits morceaux.
- **Mélangez** ensuite ces morceaux de melon avec les fraises épluchées et lavées.
- **Ajoutez** le sucre et le kirsch.
- **Répartissez** cette préparation dans les deux moitiés du melon.
- **Réunissez** ces moitiés, **ficelez** le melon bien serré, puis colmatez au niveau des ouvertures avec la noix de beurre très frais.
- **Placez** au froid pendant 24 heures.
- **Servez** bien frais.

LA CERISE

Les beaux fruits se révéleront souvent les plus sains, le mieux étant évidemment de les déguster directement sur l'arbre ! Pour bien la choisir, veillez à ce que la queue de la cerise soit bien verte et le fruit charnu et coloré. La peau devra être lisse. Si de petits impacts sont présents, consommez le fruit très rapidement. La cerise se conserve quelques jours au réfrigérateur. En dessert, crue ou cuite, mais aussi pour accompagner une viande rouge, comme une pièce de bœuf ou un magret de canard, la cerise offre de multiples possibilités culinaires. Il serait dommage de s'en priver !

Valeurs nutritionnelles pour 100 g/55,7 kcal

Eau	85,7 ml
Glucides	13 g
Fibres	1,6 g
Protides	0,81 g
Potassium	190 mg
Magnésium	8,8 mg
Fer	0,17 mg

CLAFOUTIS AUX CERISES

DESSERT

RECETTE POUR 6 PERSONNES
PRÉPARATION : 15 MIN
CUISSON : 45 MIN

LE PANIER DU MARCHÉ

- 15 g de beurre
- 400 g de cerises Burlat
- 80 g de farine tamisée
- 120 g de sucre en poudre
- 1 sachet de sucre vanillé
- 1 pincée de sel
- 4 œufs
- 25 cl de lait
- Sucre glace

Beurrez un moule à manqué ou un plat à gratin, puis **saupoudrez-le** de farine. **Placez-le** ensuite au réfrigérateur.

Lavez et **équeutez** les cerises, puis ôtez les noyaux.

Préchauffez le four à 180 °C pendant 10 minutes.

Dans un saladier, **mélangez** la farine, les sucres en poudre et vanillé et la pincée de sel.

Ajoutez les œufs un par un, puis le lait froid.

Fouettez jusqu'à l'obtention d'une pâte homogène.

Disposez les cerises dans le fond du moule, puis **versez** l'appareil préparé.

Faites cuire au four pendant 45 minutes.

Laissez tiédir 10 minutes avant de **servir** le clafoutis directement dans le plat de cuisson, saupoudré de sucre glace.

ÉTÉ

JUILLET
- La tomate
- L'aubergine
- La sardine

AOÛT
- Le surimi
- La patate douce
- La pêche

SEPTEMBRE
- La figue
- Le lapin fermier
- La noisette

LA TOMATE

La tomate est un produit riche en eau qui se déguste aussi bien froid que chaud. Pour bien choisir ce fruit, assurez-vous qu'il ait une peau lisse, brillante, épaisse et bien colorée. Si la tomate est molle et que le pédoncule se retire très facilement, c'est certainement qu'elle est trop mûre. Une peau très fine est souvent le signe d'une tomate cultivée sous serre.

Attention, les tomates ne se conservent surtout pas au réfrigérateur, mais plutôt à température ambiante. Lavez-les juste avant de les manger. Le saviez-vous ? La tomate est riche de 4 000 variétés !

Valeurs nutritionnelles pour 100 g/165 kcal

Eau	59,50 ml
Protides	24,60 g
Potassium	360 mg
Magnésium	28 mg
Fer	1,4 mg

LE PANIER DE JUILLET

SOUPE DE CABILLAUD À LA TOMATE

RECETTE POUR 4 PERSONNES
PRÉPARATION : 20 MIN
CUISSON : 15 MIN

LE PANIER DU MARCHÉ

- Huile d'olive
- 3 gousses d'ail
- 600 g de tomates
- 600 g de filet de cabillaud
- 6 tranches de pain blanc
- 100 g de parmesan en copeaux
- Quelques feuilles de basilic frais
- Sel et poivre du moulin

- Dans une casserole, **faites revenir** l'ail haché dans un filet d'huile d'olive.
- **Ajoutez** les tomates coupées en quatre et laissez cuire 10 minutes.
- **Coupez** le cabillaud et la mie des tranches de pain en dés.
- **Ajoutez-les** dans la casserole.
- **Assaisonnez** à votre convenance et laissez cuire encore 5 minutes.
- Pour servir, **ajoutez** quelques feuilles de basilic, des copeaux de parmesan et un filet d'huile d'olive.
- Vous pouvez également **déguster** cette soupe froide, comme un gaspacho !

L'AUBERGINE

Une belle aubergine se reconnaît à une peau bien lisse, tendue et brillante. Sa robe doit être violet sombre, uniforme et sans tache. Elle se conserve dans le bac du réfrigérateur ou dans un endroit frais pendant quelques jours.

Très légère, la chair de l'aubergine est riche en eau et en fibres. Seul inconvénient : elle est une véritable éponge à matière grasse ! Il convient donc mieux de la préparer grillée ou au four, farcie avec de la viande maigre et de l'ail, par exemple. Très rassasiante, l'aubergine a malgré tout des vertus diurétiques.

Elle se marie avec toutes sortes de légumes, comme l'oignon ou la courgette. Elle accompagne également très bien le veau et voit sa saveur rehaussée grâce au basilic.

Valeurs nutritionnelles pour 100 g/22 kcal

Eau	91 ml
Glucides	4,5 g
Fibres	2,5 g
Protides	0,9 g
Potassium	240 mg
Magnesium	16 mg
Fer	10,4 mg

AUBERGINE EN GRATIN

RECETTE POUR 4 PERSONNES
PRÉPARATION : 35 MIN
CUISSON : 45 MIN

PLAT

LE PANIER DU MARCHÉ

- 3 aubergines
- Gros sel
- Huile d'olive
- 50 g de beurre
- 60 g d'oignons
- 5 g d'ail
- Un restant de viande hachée
- 2 cuillères à café de tomate concentrée
- Persil
- Chapelure

- **Épluchez** les aubergines, **coupez-les** en rondelles et **faites-les dégorger** avec du gros sel. Ensuite, **essuyez-les**.
- Mettez l'huile d'olive à chauffer et **faites-y sauter** les aubergines.
- D'autre part, **faites fondre** 30 g de beurre.
- **Faites suer** les oignons et l'ail haché pendant 10 minutes dans le beurre fondu.
- **Ajoutez** votre viande, le concentré de tomate et le persil haché.
- **Assaisonnez** à votre convenance.
- **Laissez cuire** pendant 5 minutes.
- Dans un plat adapté à la cuisson au four, **déposez** une couche d'aubergine, puis de viande, jusqu'à épuisement de vos préparations.
- **Saupoudrez** de chapelure.
- **Enfournez** pendant 45 minutes.

LA SARDINE

La sardine est un petit poisson pêché au large de l'océan Atlantique ou de la mer Méditerranée. L'été, durant sa pleine saison, la sardine regorge d'oméga-3. Lorsque vous choisissez votre sardine, veillez à ce qu'elle soit bien ferme, qu'elle ait un dos sombre ainsi qu'un ventre clair et brillant. En filet, la chair devra être souple et élastique. En conserve, on choisira une sardine baignée dans l'huile d'olive. Lorsque vous retirez l'opercule, la sardine doit revêtir une belle couleur vert-jaune. Fraîche et crue, la sardine se marie fabuleusement bien avec un trait de jus de citron. Grillée ou cuite au four, elle est un délice simple et parfumé.

Valeurs nutritionnelles pour 100 g/165 kcal

Eau	59,50 ml
Protides	24,60 g
Oméga-3	1,124 g
Potassium	360 mg
Magnésium	28 mg
Fer	1,4 mg

SARDINES EN ESCABÈCHE

RECETTE POUR 4 PERSONNES
PRÉPARATION : 15 MIN
CUISSON : 15 MIN
REPOS : 12 HEURES

LE PANIER DU MARCHÉ

- 1 grosse carotte
- 2 oignons
- 4 gousses d'ail
- 1 kg de sardines fraîches
- 100 g de farine
- 15 cl d'huile
- 2 cuillères à soupe de vinaigre de vin
- 1 cuillère à café de paprika
- 1 cuillère à soupe de cumin en poudre
- 1 piment de Cayenne
- 1 petit bouquet de thym
- 1 feuille de laurier

Pelez la carotte et les oignons. **Coupez** la carotte en fins bâtonnets et les oignons en rondelles.

Retirez la première enveloppe des gousses d'ail, mais ne les pelez pas complètement.

Étêtez les sardines, écaillez-les et videz-les. **Farinez-les** légèrement, puis salez à votre convenance.

Faites chauffer la moitié de l'huile dans une grande poêle, puis **faites frire** les sardines environ 6 minutes en les retournant à mi-cuisson.

Réservez dans un plat à bords hauts.

Mettez dans la poêle le reste d'huile et **faites blondir** la carotte, les oignons et les gousses d'ail pendant 5 minutes à feu doux.

Ajoutez le paprika, le cumin, le laurier, le piment, le thym et le vinaigre. **Faites cuire** 2 minutes à feu moyen en remuant.

Versez la préparation sur les sardines et laissez refroidir.

Couvrez et laissez mariner au frais 12 heures avant de servir.

Ces sardines se conservent 2 à 3 jours au frais.

LE SURIMI

Le surimi est un produit japonais mis au point par les femmes de pêcheurs au XVIIe siècle. Il portait alors le nom de « kamaboko », qui signifie « poisson haché ».

Le surimi est composé non pas de crabe, mais de poisson. En effet, on y retrouve principalement du merlan bleu de l'Atlantique nord ou du colin d'Alaska, mais aussi du merlu, du hoki ou de l'anchois.

Le surimi n'est pas mauvais pour notre santé ; en revanche, il ne faut pas en abuser et plutôt privilégier une consommation de surimi frais, surtout pas industriel.

Valeurs nutritionnelles pour 100 g/101 kcal

Eau	74 ml
Glucides	11,8 g
Protides	8,7 g
Potassium	58 mg
Magnesium	12,3 mg
Fer	0,5 mg

MÉDAILLON DE SURIMI ET SON ŒUF MOLLET PARFUMÉ

ENTRÉE

RECETTE POUR 6 PERSONNES
PRÉPARATION : 20 MIN
CUISSON : 10 MIN

LE PANIER DU MARCHÉ

- 6 œufs
- 200 g de crème fraîche
- 30 g de curry
- 1 cube de bouillon de bœuf
- 6 médaillons de surimi
- 2 branches de cerfeuil
- Sel et poivre du moulin

- **Faites chauffer** 1 litre d'eau salée. Quand l'eau frémit, mettez les œufs à cuire pendant 6 minutes.
- **Écaillez** les œufs mollets puis **réservez-les** dans l'eau chaude salée jusqu'au moment de servir.
- Dans une casserole, **faites chauffer** la crème fraîche à feu doux.
- **Ajoutez** le curry et le bouillon de bœuf en prenant bien soin de l'incorporer dans la crème avec un fouet.
- **Laissez réduire** pendant environ 4 minutes.
- **Assaisonnez** à votre convenance et réservez au chaud.
- Dans une assiette, **placez** un médaillon de surimi. Sur chaque médaillon, **posez** un œuf bien égoutté. **Nappez** de sauce et **décorez** avec quelques feuilles de cerfeuil.

LA PATATE DOUCE

La patate douce n'est pas qu'une large racine orange. Elle peut aussi être blanche, jaune ou violette. Il en existe en effet plus de 500 variétés. Cependant, la patate douce à chair orange est la plus répandue et la plus aromatique. Son goût légèrement sucré se décline de l'entrée au dessert.

La patate douce se conserve au frais et au sec. Choisissez-la ferme et lourde. Sa peau ne devra pas être tachée ou abîmée. Plus sa forme sera droite, plus elle sera facile à peler. Souvent vendue au poids, elle s'adapte facilement à vos recettes.

Valeurs nutritionnelles pour 100 g/62 kcal

Eau	78 ml
Glucides	12,2 g
Fibres	2,9 g
Protides	1,69 g
Potassium	353 mg
Magnésium	22,50 mg
Fer	0,71 mg

VELOUTÉ DE PATATE DOUCE AU CHORIZO

RECETTE POUR 6 PERSONNES
PRÉPARATION : 30 MIN
CUISSON : 35 MIN

PLAT

LE PANIER DU MARCHÉ

- 2 oignons
- Huile d'olive
- 250 g de chorizo
- 800 g de patates douces
- 100 g de fromage fondu
- Sel et poivre du moulin

Émincez les oignons et faites-les revenir dans un filet d'huile d'olive.

Épluchez les patates douces et **coupez-les** en morceaux.

Découpez le chorizo en rondelles.

Ajoutez les patates douces, le chorizo et le fromage fondu aux oignons.

Assaisonnez à votre convenance, puis couvez d'eau.

Laissez cuire pendant 35 minutes environ.

Vérifiez la cuisson et **ajustez** l'assaisonnement si besoin.

Passez le tout au mixeur plongeant en ajoutant un peu d'eau si la consistance vous paraît trop épaisse, puis au chinois étamine.

Dégustez chaud ou froid.

LA PÊCHE

La pêche est le fruit vedette de l'été. À chair jaune ou blanche, elle doit être parfumée, ni trop dure ni trop molle. Il est préférable que son duvet soit rêche au toucher. Sa conservation est très simple : gardez-la au maximum quatre jours. Pour éviter que vos fruits périssent, éviter de les entasser. La pêche recèle des trésors de vitamines et de minéraux. Elle est également riche en carotène. Gourmande et légère, elle n'est pourtant pas plus calorique qu'un fromage blanc 0 %. La pêche se marie bien avec les fruits rouges, en salade, mais aussi avec des épices comme l'anis étoilé ou avec du vin sucré. Elle peut être dégustée accompagnée de fromage blanc, de chantilly ou de glace vanille. Côté salé, la pêche complimente tout à fait le canard ou le foie gras. Vous pouvez également la conserver sous forme de confiture, pour en profiter toute l'année !

Valeurs nutritionnelles pour 100 g/40 kcal

Eau	87 ml
Fibres	1,5 g
Protides	0,7 g
Potassium	230 mg
Vitamine C	10 mg
Carotène	0,4 mg

CRUMBLE AUX PÊCHES

RECETTE POUR 6 PERSONNES
PRÉPARATION : 15 MIN
CUISSON : 20 À 25 MIN

DESSERT

LE PANIER DU MARCHÉ

- 10 pêches mûres
- 50 g de cassonade
- 100 g de farine
- 75 g de beurre demi-sel
- 75 g de sucre cristallisé

- **Lavez** et **dénoyautez** les pêches.
- **Découpez-les** en quartiers et rangez-les dans un plat à gratin.
- **Saupoudrez-les** de cassonade.
- **Préchauffez** le four à 210 °C.
- Pour réaliser la pâte à crumble : dans un saladier, **mélangez** la farine, le sucre et le beurre.
- **Malaxez** bien avec les doigts afin d'obtenir une pâte grumeleuse. Cela doit pouvoir s'émietter facilement.
- **Éparpillez** cette préparation sur vos pêches.
- **Enfournez** le crumble pendant 20 à 25 minutes. La croûte doit être dorée.
- **Servez** chaud ou tiède avec, à côté, un bol de crème fraîche, de la glace vanille ou du miel.

LA FIGUE

Juteuse et savoureuse, la figue la plus prisée est la violette de Provence. Lorsque vous la choisissez, assurez-vous qu'elle ait une peau souple au toucher et une queue ferme. Elle se conserve 24 heures et ne se met pas au réfrigérateur. Idéale pour les sportifs ou les enfants actifs, la figue est riche en minéraux, en zinc, en iode et en vitamine B. Cette vitamine est essentielle à notre équilibre nerveux, mais protège aussi les vaisseaux capillaires. La figue offre une teneur en fibres idéale pour réveiller les intestins paresseux. Elle remplace ainsi très bien le pruneau. La figue accompagnera parfaitement le fromage de brebis ou encore le jambon de Parme.

Valeurs nutritionnelles pour 100 g/57 kcal

Eau	82 ml
Glucides	13 g
Fibres	2,3 g
Fer	0,6 mg
Zinc	0,2 mg
Vitamine B	24 µg
Iode	20 µg

MAGRET DE CANARD AUX FIGUES RÔTIES

RECETTE POUR 6 PERSONNES
PRÉPARATION : 30 MIN
CUISSON : 15 MIN

LE PANIER DU MARCHÉ

- 12 figues
- 3 échalotes
- 3 magrets de canard
- Miel d'acacia
- 6 cl de vinaigre
- 3 cuillères à soupe de bouillon de volaille
- Sel et poivre du moulin

Lavez les figues et **coupez-les** en deux.

Épluchez les échalotes et **émincez-les**.

Parez les magrets et réalisez un quadrillage côté peau.

Dans une grande poêle, **déposez** les magrets côté peau et **laissez cuire** pendant 8 minutes à feu vif.

Retirez un peu de graisse et **retournez** les magrets.

Ajoutez les échalotes et **laissez cuire** encore pendant 4 minutes.

Retirez les magrets, **assaisonnez-les** et **réservez-les** dans du papier aluminium.

Dans la même poêle, **déposez** les figues côté chair et **faites-les dorer** pendant 2 minutes.

Remettez les magrets et **arrosez** de miel.

Faites cuire pendant 1 minute, puis **déglacez** avec le vinaigre.

Faites bien évaporer, puis **ajoutez** le bouillon de volaille.

Laissez cuire pendant 1 minute.

Vérifiez et **rectifiez** l'assaisonnement.

Coupez les magrets en tranches et **servez-les** entourés de sauce et de figues.

PLAT

LE LAPIN FERMIER

L'élevage de lapins porte le nom de « cuniculiculture ». Un lapin élevé avec soin engendre certes un coût supplémentaire, mais c'est une garantie essentielle du respect du bien-être et de la santé de l'animal. Les différents labels mis en place sont un gage de qualité et permettent de guider le choix du consommateur. Le lapin que vous choisirez doit être court et trapu, avec un râble rebondi. Assurez-vous que sa chair affiche une belle couleur rosée. Son foie, lui, devra être bien rouge et sans tache. Vérifiez que le gras est bien blanc autour des reins.

Valeurs nutritionnelles pour 100 g/167 kcal

Eau	68,20 ml
Protides	20,5 g
Potassium	343 mg
Sodium	45 mg
Magnésium	21,8 mg
Fer	2,27 mg

LAPIN À LA MOUTARDE ET SES GÂTEAUX DE FOIE

RECETTE POUR 4 PERSONNES
PRÉPARATION : 30 MIN
CUISSON : 1 HEURE

LE PANIER DU MARCHÉ

- 1 lapin fermier avec son foie et ses rognons
- Huile d'arachide
- 2 oignons
- 3 gousses d'ail
- Moutarde forte
- 1 verre de vin blanc sec
- 2 blancs d'œufs
- 1 verre de crème liquide
- 1 jaune d'œuf
- Persil plat
- Noix de muscade
- 60 g de beurre
- Sel et poivre du moulin

Faites rissoler le lapin à la cocotte 10 minutes à feu moyen avec 3 cuillères à soupe d'huile.

Ajoutez les oignons émincés et l'ail écrasé. Continuez à faire rissoler 5 minutes.

Enfournez 30 minutes à 180 °C.

À mi-cuisson, **enrobez** les morceaux de lapin de moutarde forte.

Prélevez les morceaux de lapin.

Déglacez le plat avec le vin blanc, puis ajoutez 2 verres d'eau. Réduisez en gardant les sucs.

Mixez le foie et les rognons avec 2 blancs d'œufs.

Ajoutez la crème, le jaune d'œuf, un peu de persil haché et de muscade râpée. **Assaisonnez** à votre convenance.

Versez dans des petits moules en aluminium beurrés.

Au four, **cuisez** au bain-marie à 180 °C pendant 25 minutes.

Servez le lapin avec les gâteaux de foie.

PLAT

LA NOISETTE

La noisette est riche de nombreux nutriments : fer, cuivre, magnésium, vitamine E, zinc... Un petit coup de mou ? Mangez quelques noisettes ! La noisette se consomme aussi bien crue que cuite. Fraîche, la noisette devra être préservée dans son enveloppe verte. Lorsque vous la secouez, aucun bruit ne devra en réchapper. Sèche, la noisette devra avoir une coque brillante et marron. Veillez à ce qu'elle n'ait aucun trou ni aucune fissure.

Valeurs nutritionnelles pour 100 g/628 kcal

Protides	17 g
Fibres	11,6 g
Eau	7,3 ml
Glucides	7,2 g
Potassium	680 mg
Magnésium	95 mg
Vitamine C	6,3 mg
Fer	4,7 mg
Cuivre	1,7 mg

GÂTEAU AUX NOISETTES

DESSERT

RECETTE POUR 4 PERSONNES
PRÉPARATION : 30 MIN
CUISSON : 45 MIN

LE PANIER DU MARCHÉ

- 90 g de noisettes
- 120 g de farine
- 4 blancs d'œufs
- 210 g de sucre
- 100 g de beurre fondu
- 2 sachets de sucre vanillé

- **Préchauffez** votre four à 180 °C.
- **Faites griller** les noisettes dans une poêle, puis **mixez-les**.
- Dans un saladier, **mélangez** les deux sucres avec la farine, les noisettes mixées et le beurre. **Montez** les blancs en neige ferme et **incorporez-les** délicatement à la préparation réalisée.
- **Versez** la pâte obtenue dans un moule beurré.
- **Faites cuire** à 200 °C pendant 45 minutes environ.
- Pour vérifier la cuisson, **trempez** la pointe d'un couteau au cœur du gâteau, il doit sortir légèrement humide, mais sans résidu de pâte.
- **Servez** le gâteau à température ambiante. Vous pouvez l'accompagner d'un praliné aux noisettes pour plus de gourmandise.

AUTOMNE

OCTOBRE
> Le brocoli
> Le potiron
> Le coing

NOVEMBRE
> Le pâtisson
> La dinde
> La pomme

DÉCEMBRE
> L'avocat
> La pomme de terre
> Le poulet

LE BROCOLI

Octobre marque la pleine saison du brocoli. Ses bouquets doivent être serrés et d'un beau vert sombre. Il se conserve 48 heures dans le bac du réfrigérateur, non lavé. Pour préserver la vitamine C dont il regorge, il faut le consommer rapidement après achat.

De souche italienne, le brocoli est connu et consommé dès le XVe siècle. Ce légume peut se targuer d'avoir un meilleur apport en vitamine C que ses concurrents ! De plus, il se digère facilement, contrairement au chou-fleur. Peu calorique, le brocoli est souvent recommandé dans le cadre de diètes et a toute sa place dans une alimentation équilibrée. Il se révèle également être un véritable allié dans la préservation de notre santé et les scientifiques lui reconnaissent une action positive dans la prévention des cancers. Vous pouvez le cuisiner à la vapeur ou au wok pour préserver ses vitamines.

Valeurs nutritionnelles pour 100 g/34 kcal

Eau	90 ml
Glucides	5,5 g
Protides	2,5 g
Fibres	2 g
Vitamine C	Entre 50 et 100 mg
Calcium	100 mg
Carotène	0,6 mg

SOMMITÉS DE BROCOLI ET LEURS ŒUFS COCOTTE

RECETTE POUR 6 PERSONNES
PRÉPARATION : 35 MIN
CUISSON : 45 MIN

LE PANIER DU MARCHÉ

- 30 g de beurre fermier
- 1 tête de brocoli
- Crème fraîche épaisse
- Noix de muscade
- 6 œufs fermiers frais
- Sel et poivre du moulin

- **Beurrez** 6 ramequins et **mettez-les** au réfrigérateur.
- **Prélevez** les sommités des brocolis, **cuisez-les** à la vapeur et **rafraîchissez-les**.
- **Préchauffez** votre four à 150 °C.
- **Mélangez** 6 cuillères à soupe de crème avec la noix de muscade râpée. **Assaisonnez** à votre convenance.
- **Répartissez** cette préparation dans les ramequins et **ajoutez** les sommités de brocoli.
- **Cassez** un œuf et **remettez** un peu de crème dans chaque ramequin.
- **Disposez** les ramequins dans un plat adapté à la cuisson au four et préparez un bain-marie. Pour cela, **entourez** les ramequins d'eau chaude aux trois quarts.
- **Laissez cuire** 6 minutes, jusqu'à ce que le blanc d'œuf soit pris.
- **Servez** les œufs immédiatement afin de ne pas prolonger la cuisson.
- Des toasts ou des mouillettes beurrées accompagneront parfaitement ce plat.

ENTRÉE

LE POTIRON

Lourd et ferme, le potiron doit en plus avoir une écorce d'une belle couleur, sans tache et sans craquelure. Lorsqu'il est entier, il se conserve quelques semaines. Découpé, il se conserve quelques jours dans le bac à légumes du réfrigérateur.

Bien connu autrefois, le potiron avait longtemps été délaissé. À l'occasion d'Halloween, il connaît cependant une popularité toute singulière.

Ce légume vous aidera à raviver votre teint : véritable mine de carotène, il contient également des nutriments qui protègent du vieillissement. Pauvre en calories, le potiron peut être consommé en grande quantité.

Il se cuisine au four ou à la vapeur. Sa chair douce se prête aussi bien à des recettes salées que sucrées : tartes, flans, purées, beignets, soupes... Laissez parler votre créativité !

Valeurs nutritionnelles pour 100 g/20 kcal

Eau	93 ml
Glucides	4 g
Fibres	2 g
Potassium	323 mg
Calcium	27 mg
Carotène	2 mg
Fer	0,6 mg
Zinc	0,2 mg

TARTE SALÉE AU POTIRON

PLAT

RECETTE POUR 6 PERSONNES
PRÉPARATION : 30 MIN
CUISSON : 35 À 40 MIN

LE PANIER DU MARCHÉ

- 1 pâte brisée
- 600 g de chair de potiron
- 75 g de beurre
- 1 gros oignon
- 150 g de jambon
- 20 cl de crème fraîche épaisse
- 4 œufs
- Thym
- 1 jaune d'œuf
- Sel et poivre du moulin

- **Préchauffez** votre four à 180 °C.
- **Déposez** votre pâte brisée dans un moule adapté à la cuisson au four.
- **Piquez-la**, puis **enfournez-la** pendant 10 à 12 minutes.
- Laissez-la ensuite **reposer**.
- **Coupez** le potiron en dés. **Hachez** le jambon et les oignons, puis **faites-les blondir** dans 50 g de beurre.
- **Ajoutez** le potiron et **laissez cuire** jusqu'à ce qu'il soit tendre.
- **Ajoutez** 2 cuillères à soupe d'eau et la crème.
- **Passez** le tout au mixeur pour obtenir une consistance assez souple et lisse.
- **Mélangez** avec les œufs et un peu de thym, puis **assaisonnez** à votre convenance.
- **Versez** cette préparation dans le fond de tarte, puis **déposez** quelques morceaux de beurre.
- **Dorez** les bords de la pâte avec le jaune d'œuf délayé dans de l'eau.
- **Cuisez** pendant 20 à 25 minutes.
- Une salade verte est un accompagnement parfait.

LE COING

Le coing est le fruit du cognassier. À maturité, il est jaune et très odorant. Ce fruit, que l'on appelle aussi « poire de Cydonie », est généralement utilisé pour la préparation de confitures, gelées, pâtes de fruits et liqueurs. Dans certains pays de l'Est, il est cuisiné comme un légume. Consommer du coing est bénéfique pour les intestins ; il possède en effet des vertus antidiarrhéiques et antiseptiques, et favorise également la rétention d'eau.

Le coing se conserve très bien pendant plusieurs semaines dans un endroit frais et aéré, sur le rebord d'une fenêtre, par exemple. Il supporte par contre très mal la congélation

Valeurs nutritionnelles pour 100 g/17 kcal

Eau	83,3 ml
Glucides	15,3 g
Fibres	1,9 g
Protides	0,4 g
Potassium	197 mg
Vitamine C	15 mg
Sodium	4 mg

COINGS POCHÉS ET SABAYON À LA VANILLE

DESSERT

RECETTE POUR 4 PERSONNES
PRÉPARATION : 30 MIN
CUISSON : 1 HEURE

LE PANIER DU MARCHÉ

- 700 g de sucre
- 1 citron
- 4 coings
- 15 cl de crème liquide
- 5 jaunes d'œufs
- 1 gousse de vanille
- Sucre glace
- Glace à la vanille

Commencez par **faire bouillir** l'eau avec 600 g de sucre et le jus d'un citron pendant 20 minutes.

Épluchez les coings en veillant à **bien retirer** le cœur et les pépins.

Déposez les fruits dans le mélange d'eau, de citron et de sucre et **faites pocher** pendant 30 minutes. **Laissez-les refroidir** dans le sirop obtenu.

Fouettez la crème liquide.

Dans un saladier placé sur un bain-marie, **fouettez** les jaunes d'œuf et le sucre restant jusqu'à obtenir un mélange mousseux.

Ajoutez les grains extraits des gousses de vanille, puis la crème montée.

Réservez ce sabayon au frais.

Découpez les coings en lamelles, puis **disposez-les** dans de petits plats à gratin. **Recouvrez** de sabayon et faites colorer sous le gril du four pendant quelques instants.

Servez accompagné d'une boule de glace à la vanille et de sucre glace.

LE PÂTISSON

Légume riche en eau et pauvre en calories, le pâtisson est un véritable allié dans le choix d'une alimentation équilibrée. Il garantit également un apport important en vitamine C et a donc des vertus antifatigues remarquables.

Lorsque vous choisissez votre pâtisson, veillez à ce qu'il ait une peau lisse, bien ferme et non tachée. Privilégiez les pâtissons de petite taille, qui auront une chair plus fine.

Valeurs nutritionnelles pour 100 g/18 kcal

Eau	95 ml
Glucides	3,5 g
Protides	1,2 g
Fibres	1,2 g
Magnésium	23 mg
Vitamine C	18 mg
Fer	0,4 mg

PÂTISSONS FARCIS AU JAMBON

PLAT

RECETTE POUR 4 PERSONNES
PRÉPARATION : 20 MIN
CUISSON : 30 MIN

LE PANIER DU MARCHÉ

- 2 pâtissons
- 2 carottes
- 2 navets
- 1 échalote
- 200 g de jambon cru
- Huile de tournesol
- 200 g de comté râpé
- Sel et poivre du moulin

Coupez les pâtissons en deux dans le sens de la largeur. **Retirez** les graines et détachez la chair. **Coupez-la** en dés.

Épluchez les carottes, les navets et l'échalote, puis **détaillez-les** en petits cubes.

Faites de même avec le jambon.

Dans un fond d'huile, **faites sauter** l'échalote, puis **ajoutez** les carottes et les navets.

Ajoutez la chair du pâtisson et **laissez dorer** pendant 5 minutes.

Assaisonnez à votre convenance, puis incorporez le jambon.

Remplissez les demi-coques de pâtisson de cette préparation, **couvrez** de fromage et **faites gratiner** sous le gril.

LA DINDE

La dinde est la volaille la plus maigre, idéale pour se faire plaisir. Privilégiez une volaille récompensée d'un label Rouge ou biologique, qui garantit un élevage respectueux et sain. La dinde de Bresse est par exemple un mets de premier choix : elle possède un label AOC (Appellation d'Origine Contrôlée). Une dinde entière bien emballée se conserve jusqu'à 3 jours dans le bas du réfrigérateur.

Valeurs nutritionnelles pour 100 g/127 kcal

Eau	66 ml
Protides	28,5 g
Potassium	459 mg
Magnésium	44,4 mg
Fer	1,1 mg

SAUTÉ DE DINDE MARINÉE AU LAURIER, CITRON ET PIMENT

RECETTE POUR 4 PERSONNES
PRÉPARATION : 20 MIN
CUISSON : 20 MIN
MARINADE : 10 HEURES

LE PANIER DU MARCHÉ

- 600 g d'escalope de dinde
- 2 citrons
- ¼ de cuillère à café de piment de Cayenne
- 4 feuilles de laurier
- 4 petites carottes
- 4 petits navets
- 4 petits poireaux
- 2 gros oignons
- Huile d'olive
- Sel et poivre du moulin
- 15 g de beurre

La veille, **détaillez** les escalopes de dinde en dés grossiers.

Dans un saladier, **versez** le jus des citrons pressés sur les dés de dinde. **Saupoudrez** de piment de Cayenne et **ajoutez** les feuilles de laurier.

Mélangez tendrement avec les mains pour bien imprégner la chair.

Laissez mariner une nuit au frais.

Le lendemain, **faites précuire** les carottes et les navets pendant quelques secondes à la vapeur. **Faites cuire** les poireaux entiers pendant 10 minutes à l'eau bouillante.

Le jour suivant, **pelez** et **hachez** les oignons. **Faites-les** ensuite **revenir** dans une cocotte avec deux cuillères à soupe d'huile d'olive.

Ajoutez les dés de dinde marinés et **laissez cuire** 10 minutes à feu doux en remuant régulièrement. **Ajoutez** un peu d'eau si le fond de votre cocotte accroche.

Assaisonnez à votre convenance.

Juste avant de dresser, **poêlez** les petits légumes avec 15 grammes de beurre. Servez aussitôt.

PLAT

LA POMME

Riche en eau, la pomme est un fruit frais et très désaltérant. Elle se conserve 7 jours dans une corbeille. Veillez cependant à ne pas la mélanger avec d'autres fruits, qui risqueraient de périr plus rapidement en sa présence. « Manger une pomme par jour éloigne le médecin. » Ce dicton bien connu n'est en rien mensonger : en effet, la pomme à de réelles vertus pour notre santé (réduit le risque de mauvais cholestérol, de diabète...).

La pomme est un fruit facile à manger avec la peau. Cependant, elle est très souvent traitée, notamment après la cueillette, ce qui peut favoriser l'ingestion de pesticides si elle n'est pas épluchée. Préférez donc les fruits issus de l'agriculture biologique ou non traités. Il existe des dizaines de milliers de variétés de pommes, mais seule une cinquantaine se retrouve sur nos étals.

Valeurs nutritionnelles pour 100 g/52 kcal

Eau	85,4 ml
Glucides	11,6 g
Fibres	1,4 g
Protides	0,25 g
Potassium	119 mg
Magnésium	6,47 mg
Fer	0,09 mg

TARTE TATIN

RECETTE POUR 4 PERSONNES
PRÉPARATION : 30 MIN
CUISSON : 35 MIN

DESSERT

LE PANIER DU MARCHÉ

- 5 pommes reine des reinettes
- 40 g de beurre
- 100 g de sucre
- 1 pâte feuilletée
- Cannelle

- **Préchauffez** le four à 180 °C.
- **Pelez** et **coupez** les pommes en six quartiers.
- **Faites-les dorer** à la poêle avec 40 g de beurre, puis **réservez**.
- Dans une poêle, **préparez** un caramel avec 100 g de sucre et 2 cuillères à soupe d'eau.
- Quand le caramel est prêt, **versez-le** dans un moule et **répartissez-le** soigneusement sur le fond et les parois.
- **Disposez** les pommes dans le moule, **saupoudrez-les** de cannelle, puis **recouvrez-les** de pâte feuilletée.
- **Faites cuire** 35 minutes à 180 °C.
- **Servez** dès la sortie du four ou **laissez tiédir**.
- Vous pouvez accompagner votre dessert d'une boule de glace ou de crème chantilly pour plus de gourmandise.

L'AVOCAT

Présent tout au long de l'année, l'avocat révèle ses saveurs les plus remarquables au mois de décembre. Si vous souhaitez le consommer le jour même, il doit être tendre au toucher. Si vous prévoyez de le garder quelques jours, choisissez-le plus ferme et laissez-le mûrir à température ambiante. Ce fruit d'origine mexicaine est calorique, mais il reste diététique s'il n'est pas assaisonné d'huile ou autre sauce. Riche en graisses végétales poly-insaturées, l'avocat protège notre système cardiovasculaire. Il réduit également le mauvais cholestérol. C'est l'un des végétaux qui possèdent le plus de vitamine E. De plus, il couvre 30 % de nos besoins en vitamine C. Il accompagne admirablement les crustacés, les agrumes ou les poissons.

Valeurs nutritionnelles pour 100 g/138 kcal

Eau	77 ml
Lipides	14 g
Glucides	8 g
Fibres	3 g
Magnésium	33 mg
Vitamine C	11 mg
Vitamine E	1,85 mg
Fer	1 mg

MOUSSE D'AVOCAT AUX ÉCREVISSES ET COULIS DE TOMATE

ENTRÉE

RECETTE POUR 6 PERSONNES
PRÉPARATION : 15 MIN

LE PANIER DU MARCHÉ

- 4 avocats
- 1 citron non traité
- 2 feuilles de gélatine
- 20 cl de crème fleurette
- 18 écrevisses cuites
- 800 g de coulis de tomate
- Cerfeuil

- **Mixez** la chair des avocats avec le jus de citron.
- **Salez** et **poivrez** à votre convenance.
- **Faites tremper** et fondre les feuilles de gélatine dans une petite quantité d'eau tiède.
- **Montez** la crème fleurette, puis **mélangez** avec la chair d'avocat et la gélatine.
- **Assaisonnez** à votre convenance avec les épices de votre choix et **réservez** au frais.
- **Décortiquez** les queues d'écrevisses en conservant les têtes et les pinces, que vous pourrez réutiliser pour la concoction d'un jus ou d'une soupe.
- **Nappez** le fond des assiettes avec le coulis de tomate. **Déposez** ensuite 3 quenelles de mousse d'avocat.
- **Recouvrez-les** d'écrevisses. **Réitérez** l'opération jusqu'à épuisement des préparations. Vous pouvez **décorer** avec du cerfeuil.
- **Servez** bien frais.

LA POMME DE TERRE

La pomme de terre se conserve de préférence dans une caisse en bois ou dans un panier, et non dans un sac en plastique, qui favorise la germination. Il est essentiel de la préserver de la lumière, de la chaleur et de l'humidité. Évitez également de conserver la pomme de terre en compagnie de pommes, poires ou bananes, qui accélèrent sa maturation.

Si vous choisissez des pommes de terre en filet, triez-les bien et séparez celles qui seraient trop abîmées ou trop vertes, car elles risquent de faire germer les autres plus rapidement. Les pelures se consomment à merveille en friture, pensez-y !

Valeurs nutritionnelles pour 100 g/75 kcal

Eau	79 ml
Glucides	15,8 g
Protides	2,0 g
Fibres	1,80 g
Potassium	279 mg
Magnésium	17,3 mg
Fer	0,3 mg

SOUFFLÉ DE POMMES DE TERRE

RECETTE POUR 4 PERSONNES
PRÉPARATION : 25 MIN
CUISSON : 50 MIN

LE PANIER DU MARCHÉ

- 750 g de pommes de terre farineuses
- 4 œufs
- 1 dl de crème fraîche
- 60 g de beurre
- Muscade râpée
- Sel et poivre du moulin

Épluchez les pommes de terre, rincez-les, puis **coupez-les** en morceaux grossiers.

Faites-les cuire 15 à 20 minutes dans de l'eau bouillante non salée.

Égouttez les pommes de terre, puis remettez-les dans la casserole et faites-les dessécher.

Passez-les ensuite au moulin à légumes.

Préchauffez le four à 200 °C.

Séparez les blancs des jaunes d'œufs.

Mélangez la crème fraîche tiède avec les pommes de terre. **Ajoutez** ensuite 50 g de beurre puis les jaunes d'œufs, un à un.

Assaisonnez à votre convenance, puis ajoutez un peu de noix de muscade râpée selon votre goût.

Fouettez soigneusement les blancs en neige très ferme.

Incorporez-les délicatement à la préparation en soulevant la masse à l'aide d'une spatule.

Beurrez un moule à soufflé avec les 10 g de beurre restants.

Versez l'appareil au ¾ et **cuisez** dans le bas du four pendant 30 minutes.

Servez le soufflé dès sa sortie du four afin qu'il ne retombe pas.

PLAT

LE POULET

Choisir un bon poulet en grande surface se révèle assez difficile. S'il est dépourvu de label, passez votre chemin. Le Label Rouge, les labels biologiques, les AOC ou les labels Poulet fermier sont particulièrement recommandés. Le poulet risque certes d'afficher un prix plus élevé, mais il aura bénéficié d'un élevage sain et respectueux de l'animal comme du consommateur. Sur le marché, on trouvera de succulents poulets de petits producteurs, sans label, mais qui sont élevés en plein air et nourris au grain. Un poulet fermier est élevé dans un hangar et une zone extérieure, tandis qu'un poulet élevé en plein air évolue uniquement à l'extérieur.

Valeurs nutritionnelles pour 100 g/121 kcal

Eau	72,5 ml
Protides	26,2 g
Potassium	223 mg
Magnésium	23 mg
Fer	1,3 mg

COLOMBO DE POULET EN AUMÔNIÈRE

PLAT

RECETTE POUR 4 PERSONNES
PRÉPARATION : 30 MIN
CUISSON : 45 MIN

LE PANIER DU MARCHÉ

- 3 bulbes de fenouil
- Huile de tournesol
- 1 oignon
- Huile d'olive
- 600 g de blanc de poulet
- Thym
- Épices à colombo
- Épices garam masala
- 1 citron
- 4 gousses d'ail
- Sel et poivre du moulin
- 8 feuilles de brick
- 1 bobine de ficelle alimentaire

Nettoyez les bulbes de fenouil en retirant les feuilles abîmées, puis **lavez-les** puis **coupez-les** en six dans la longueur.

Dans une poêle, **faites chauffer** l'huile de tournesol.

Lorsque l'huile est bien chaude, **faites revenir** le fenouil à feu vif jusqu'à ce qu'il soit bien doré.

Ajoutez 10 cl d'eau, puis **laissez cuire** à feu doux pendant une demi-heure.

Vérifiez la cuisson à l'aide d'un couteau : le fenouil doit être tendre et il ne doit plus rester d'eau de cuisson.

Vous pouvez **ajouter** de l'eau en cours de cuisson si cela vous semble nécessaire.

Salez à votre convenance et **égouttez** sur du papier absorbant.

Hachez l'oignon. Dans une cocotte, **faites-le revenir** dans 2 cuillères à soupe d'huile d'olive.

Détaillez le poulet en cubes. **Ajoutez-le** à l'oignon, avec quelques branches de thym, 1 cuillère à soupe d'épices à colombo et 1 cuillère à soupe d'épices garam masala.

Laissez mijoter 10 minutes à feu doux.

Hachez les gousses d'ail. **Ajoutez-les** dans la cocotte, avec le jus du citron et 1 cuillère à soupe d'huile d'olive.

- **Éteignez** le feu aux premiers bouillons.
- **Versez** le tout dans une passoire en récupérant le jus.
- **Faites préchauffer** le four à 160 °C.
- **Étalez** une feuille de brick. **Disposez** au centre 2 morceaux de fenouil et une cuillérée de colombo de poulet.
- **Refermez** la feuille de brick en aumônière (forme de petit baluchon) à l'aide de ficelle alimentaire.
- **Dorez** l'aumônière au beurre fondu. Vous pouvez aussi utiliser un jaune d'œuf.
- Quand toutes vos aumônières sont faites, **enfournez** pour 5 minutes.
- **Faites réduire** le jus à la casserole, sur feu doux, puis réservez.
- **Déposez** une aumônière au centre de l'assiette, puis **entourez** d'un cordon de sauce.

CALENDRIERS DE PRODUCTION & DE CONSOMMATION DES PRODUITS FRAIS

Depuis quelques années, nous trouvons sur les étals de nos supermarchés une quantité importante de fruits et légumes, mais aussi de viandes, poissons et autres produits. Aujourd'hui, nous avons perdu les valeurs des saisons. Les calendriers suivants vous indiquent les périodes où les denrées alimentaires fraîches sont au plus fort de leur production pour vous aider à bien consommer, au bon moment ! Cela offre ainsi la possibilité de les acheter de meilleure qualité et au meilleur prix.

Chaque case où apparaît un pictogramme signifie que l'aliment se consomme lors du mois attribué.

Les pictogrammes ont été personnalisés par saison pour garder ce repère clé à l'esprit !

LES PRINCIPAUX FRUITS DE MER

	Janvier	Février	Mars	Avril	Mai	Juin	Juillet	Août	Sept	Oct	Nov	Déc
Araignée				✿			☀	☀	☀	🍂		
Coquille Saint-Jacques	❄	❄	❄	✿					☀	🍂	🍂	🍂
Crabe Tourteau				✿	✿	✿	☀	☀	☀			
Crevette				✿	✿	✿	☀	☀	☀	🍂		
Écrevisse				✿	✿	✿	☀	☀	☀			
Encornet	❄	❄	❄	✿	✿	✿	☀	☀	☀	🍂	🍂	🍂
Homard	❄	❄	❄	✿					☀	🍂	🍂	🍂
Huître	❄	❄	❄	✿						🍂	🍂	🍂
Langouste	❄	❄	❄	✿					☀	🍂	🍂	🍂
Langoustine	❄	❄	❄	✿					☀	🍂	🍂	🍂
Moule	❄	❄	❄	✿					☀	🍂	🍂	🍂
Oursin	❄	❄	❄	✿					☀	🍂	🍂	🍂
Praire	❄	❄	❄	✿					☀	🍂	🍂	🍂

LES PRINCIPAUX POISSONS

	Janvier	Février	Mars	Avril	Mai	Juin	Juillet	Août	Sept	Oct	Nov	Déc
Ablette	❄	❄					☀	☀	☀			🍂
Alose				✿	✿							
Anguille				✿			☀	☀	☀	🍂		
Bar				✿	✿	✿	☀					
Barbue	❄	❄	❄	✿							🍂	🍂
Brême	❄							☀	☀	🍂	🍂	🍂
Brochet							☀	☀	☀	🍂	🍂	🍂
Cabillaud	❄	❄	❄	✿	✿	✿	☀	☀	☀	🍂	🍂	🍂
Carpe	❄	❄						☀	☀	🍂	🍂	🍂
Congre	❄	❄	❄	✿	✿	✿			☀	🍂	🍂	🍂
Dorade				✿	✿	✿	☀	☀	☀			
Églefin	❄	❄	❄							🍂	🍂	🍂
Éperlan	❄	❄	❄						☀	🍂	🍂	🍂
Gardon				✿	✿	✿	☀	☀	☀	🍂	🍂	
Goujon				✿	✿	✿	☀	☀	☀	🍂		

	Janvier	Février	Mars	Avril	Mai	Juin	Juillet	Août	Sept	Oct	Nov	Déc
Grondin	❄	❄	❄	✿	✿	✿	☀					
Hareng	❄	❄							☀	🍂	🍂	🍂
Lamproie				✿	✿	✿						
Lieu (noir et jaune)	❄	❄	❄	✿							🍂	🍂
Limande	❄	❄	❄	✿	✿					🍂	🍂	🍂
Maquereau				✿	✿	✿	☀	☀				
Merlan	❄	❄	❄								🍂	🍂
Merlu	❄	❄	❄	✿	✿	✿	☀	☀	☀	🍂	🍂	🍂
Mulet	❄	❄	❄	✿	✿	✿				🍂	🍂	🍂
Perche	❄	❄						☀	☀	🍂	🍂	🍂
Pibale ou civelle		❄	❄	✿								
Raie	❄	❄	❄	✿	✿	✿	☀	☀	☀	🍂	🍂	🍂
Roussette	❄	❄	❄	✿						🍂	🍂	🍂
Rouget barbet	❄	❄	❄	✿	✿	✿	☀				🍂	🍂
Sardine					✿	✿	☀	☀	☀			

	Janvier	Février	Mars	Avril	Mai	Juin	Juillet	Août	Sept	Oct	Nov	Déc
Saumon frais		❄	❄	✿								
Sole	❄	❄								🍂	🍂	🍂
Tanche						✿	☀	☀	☀	🍂	🍂	
Thon frais						✿	☀	☀				
Truite d'élevage	❄	❄	❄	✿	✿	✿	☀	☀	☀	🍂	🍂	🍂
Truite saumonée					✿	✿	☀	☀				
Turbot	❄	❄	❄	✿							🍂	🍂

LES PRINCIPALES VIANDES

	Janvier	Février	Mars	Avril	Mai	Juin	Juillet	Août	Sept	Oct	Nov	Déc
Agneau de lait		❄	❄	✿								
Bécasse	❄									🍂	🍂	🍂
Biche - Cerf - Daim											🍂	🍂
Bœuf	❄	❄	❄	✿	✿	✿	☀	☀	☀	🍂	🍂	🍂
Caille d'élevage	❄	❄	❄	✿	✿	✿	☀	☀	☀	🍂	🍂	🍂
Canard de Barbarie	❄	❄							☀	🍂	🍂	🍂
Canard d'élevage	❄	❄	❄	✿	✿	✿	☀	☀	☀	🍂	🍂	🍂
Canard sauvage	❄	❄					☀	☀			🍂	🍂
Chevreau			❄	✿								
Chevreuil											🍂	🍂
Coq « au vin »		❄	❄	✿								
Dinde	❄										🍂	🍂
Faisan										🍂	🍂	🍂

	Janvier	Février	Mars	Avril	Mai	Juin	Juillet	Août	Sept	Oct	Nov	Déc
Grenouille						✿	☀					
Grive									☀	🍂		
Lapin d'élevage	❄	❄	❄	✿	✿	✿	☀	☀	☀	🍂	🍂	🍂
Lapin fermier							☀	☀	☀	🍂		
Lièvre										🍂	🍂	🍂
Mouton	❄	❄	❄	✿	✿	✿	☀	☀	☀	🍂	🍂	🍂
Oie	❄									🍂	🍂	🍂
Perdreau									☀			
Perdrix										🍂	🍂	🍂
Pigeon d'élevage	❄	❄	❄	✿	✿	✿	☀	☀	☀	🍂	🍂	🍂
Pigeon fermier			❄	✿	✿	✿	☀	☀				
Pintade	❄	❄	❄						☀	🍂	🍂	🍂
Porc	❄	❄	❄	✿	✿	✿	☀	☀	☀	🍂	🍂	🍂
Poulet	❄	❄	❄	✿	✿	✿	☀	☀	☀	🍂	🍂	🍂
Sanglier	❄										🍂	🍂
Veau	❄	❄	❄	✿	✿	✿	☀	☀	☀	🍂	🍂	🍂

LES PRINCIPAUX LÉGUMES

	Janvier	Février	Mars	Avril	Mai	Juin	Juillet	Août	Sept	Oct	Nov	Déc
Ail nouveau							☀	☀				
Artichaut du Midi				✿	✿							
Artichaut breton					✿	✿	☀					
Asperge					✿							
Betterave rouge	❄	❄								🍂	🍂	🍂
Cardon	❄	❄								🍂	🍂	🍂
Carotte	❄	❄	❄	✿	✿	✿	☀	☀	☀	🍂	🍂	🍂
Carotte nouvelle				✿	✿	✿						
Céleri-branche								☀	☀	🍂	🍂	🍂
Céleri-rave	❄									🍂	🍂	🍂
Champignon des bois							☀	☀	☀	🍂		
Champignon de Paris	❄	❄	❄	✿	✿	✿	☀	☀	☀	🍂	🍂	🍂
Chou	❄	❄	❄						☀	🍂	🍂	🍂
Chou pointu nouveau				✿	✿	✿						

	Janvier	Février	Mars	Avril	Mai	Juin	Juillet	Août	Sept	Oct	Nov	Déc
Chou brocoli	❄	❄								🍂	🍂	🍂
Chou de Bruxelles	❄									🍂	🍂	🍂
Chou-fleur				✿	✿		☀		☀	🍂	🍂	🍂
Chou rouge	❄	❄							☀	🍂	🍂	🍂
Concombre				✿	✿	✿	☀					
Cornichon								☀	☀			
Courgette							☀	☀	☀	🍂		
Crosne	❄	❄										🍂
Échalote nouvelle								☀	☀			
Endive	❄	❄	❄						☀	🍂	🍂	🍂
Épinard	❄					✿	☀	☀	☀	🍂	🍂	🍂
Fenouil	❄	❄							☀	🍂	🍂	🍂
Fève						✿						
Haricot vert							☀	☀				
Haricot beurre							☀	☀	☀			
Haricot à écosser									☀	🍂		

	Janvier	Février	Mars	Avril	Mai	Juin	Juillet	Août	Sept	Oct	Nov	Déc
Haricot mange-tout							☼	☼	☼			
Igname	❄	❄									🍂	🍂
Maïs								☼	☼	🍂		
Navet			❄	✿	✿	✿				🍂	🍂	
Oignon frais blanc				✿	✿	✿						
Oignon frais couleur								☼	☼			
Oignon sec	❄	❄	❄	✿	✿	✿	☼	☼	☼	🍂	🍂	🍂
Oseille					✿	✿	☼	☼				
Patate douce								☼	☼			
Poireau	❄	❄				✿	☼			🍂	🍂	🍂
Pois mange-tout					✿	✿						
Petit pois					✿	✿	☼					
Poivron						✿	☼	☼	☼	🍂		
P. de terre nouvelle				✿	✿	✿	☼					
P. de terre conservation	❄	❄						☼	☼	🍂	🍂	🍂
Potiron	❄									🍂	🍂	🍂

	Janvier	Février	Mars	Avril	Mai	Juin	Juillet	Août	Sept	Oct	Nov	Déc
Radis rose												
Radis noir												
Salade (selon variété)												
Tomate												

LES PRINCIPAUX FRUITS

	Janvier	Février	Mars	Avril	Mai	Juin	Juillet	Août	Sept	Oct	Nov	Déc
Abricot						✿	☀	☀				
Ananas (selon provenance)	❄	❄	❄	✿	✿	✿	☀	☀	☀	🍂	🍂	🍂
Amande verte						✿	☀					
Banane (selon provenance)	❄	❄	❄	✿	✿	✿	☀	☀	☀	🍂	🍂	🍂
Brugnon							☀	☀	☀			
Cassis						✿	☀					
Cerise bigarreau					✿	✿	☀	☀				
Citron	❄	❄	❄	✿	✿	✿	☀	☀	☀	🍂	🍂	🍂
Clémentine										🍂	🍂	🍂
Coing										🍂	🍂	
Figue fraîche								☀	☀			
Fraise				✿	✿	✿	☀	☀	☀			
Framboise						✿	☀					

	Janvier	Février	Mars	Avril	Mai	Juin	Juillet	Août	Sept	Oct	Nov	Déc
Groseille						✿	☀					
Mandarine	❄	❄										🍃
Marron	❄	❄									🍃	🍃
Melon							☀	☀				
Melon d'eau - pastèque								☀	☀	🍃		
Mirabelle								☀				
Mûre - myrtille - fruits sauvages								☀	☀	🍃		
Noisette fraîche									☀	🍃		
Orange (selon variété)	❄	❄	❄	✿			☀	☀			🍃	🍃
Pamplemousse	❄	❄	❄	✿			☀	☀			🍃	🍃
Poire (selon variété)	❄	❄	❄	✿				☀	☀	🍃	🍃	🍃
Pomme	❄	❄	❄	✿						🍃	🍃	🍃
Prune							☀	☀	☀			
Raisin (selon variété)									☀	🍃	🍃	
Rhubarbe					✿	✿	☀					

LES FROMAGES

Il est difficile de savoir combien il existe de fromages en France. On a pu en dénombrer plus de quatre cents, mais ce nombre varie : certaines productions régionales disparaissent et des créations industrielles voient le jour. Le marché est également inondé des fromages étrangers qui viennent progressivement augmenter notre « cheptel » fromager.

Quelle que soit leur origine, on peut les classer selon les catégories qui suivent.

LES FROMAGES FRAIS

Il s'agit des fromages blancs, c'est-à-dire du lait caillé que l'on a plus au moins salé ou aromatisé. La plupart du temps, les fromages frais sont fabriqués à partir de lait de vache, de chèvre, de brebis ou d'un mélange.

- Vache : caillebotte du Poitou, Petit Suisse, fromage blanc.
- Brebis : brousse du Rove.
- Chèvre ou chèvre et brebis : brousse de Vésubie.

LES FROMAGES À PÂTE MOLLE ET À CROÛTE FLEURIE

Souple sous la pression du doigt, leur croûte fleurie est due à la fermentation : c'est une moisissure prenant l'apparence d'un duvet blanc. Certains fromages de chèvre peuvent être séchés.

- Vache : brie, camembert de Normandie, chaource, coulommiers, neufchâtel, olivet, rigodon, banon laitier, gaperon.
- Brebis : banon fermier, poivre d'âne.
- Chèvre : crottin de Chavignol, pélardon, picodon, sainte-maure-de-touraine, saint-marcellin, selles-sur-cher, valençay.
- Chèvre et vache : cabécou, mâconnais.

LES FROMAGES À PÂTE MOLLE ET À CROÛTE LAVÉE

Toujours souple sous la pression du doigt, la croûte est soumise à des lavages périodiques soit à l'eau salée, soit à la bière. Ils sont pour presque tous d'origine bovine.

Vache : boulette d'Avesnes, époisses, géromé, livarot, maroilles, munster, pont-l'évêque, rouy, vacherin.

LES FROMAGES À PÂTE PERSILLÉE

Assimilés aux fromages à pâte molle, bien que pour beaucoup moulés, ils sont assez durs sous la pression des doigts. En cours de préparation, on introduit un champignon dans la pâte pour amener le fromage à se développer.

- Vache : bleu d'Auvergne, bleu de Bresse, bleu des Causses, fourmes d'Ambert ou de Montbrison.
- Brebis : bleu de Corse, roquefort.
- Chèvre : persillé des Aravis.
- Chèvre et vache : sassenage.

LES FROMAGES À PÂTE PRESSÉE

Ces fromages sont produits à partir de lait caillé, parfois aromatisé. Ce dernier est versé dans une toile, puis moulé et pressé pour accélérer l'égouttage.

- Vache : cantal, édam, gaperon, gouda, laguiole, morbier, nantais, reblochon, saint-nectaire, tomme de Savoie.
- Brebis : amou, laruns.

LES FROMAGES À PÂTE CUITE OU DURE

Ce sont les fromages pressés, mais dont la préparation a été chauffée avant d'être mise en toile et moulée.

- Vache : beaufort, comté, emmental.

LES FROMAGES À PÂTE FONDUE

Ceux-ci sont obtenus en chauffant différents fromages puis en les mélangeant avec d'autres éléments : beurre, crème, lait, aromates, etc. Par exemple, la cancoillotte est fabriquée avec du lait écrémé auquel on ajoute de l'eau et du beurre.

COMMENT COMPOSER UN PLATEAU DE FROMAGES

Un petit plateau doit comprendre quatre fromages avec :

- une pâte molle à croûte fleurie ;
- une pâte cuite ;
- une pâte persillée ;
- un fromage de chèvre.

Un plateau moyen doit comprendre six fromages avec :

- les quatre précédents ;
- une pâte molle à croûte lavée ;
- un fromage de brebis.

Un plateau riche sera varié à l'infini. Vous pouvez ajouter à la composition du plateau moyen des fromages étrangers, différents fromages de chèvre, etc.

COMMENT ACCOMPAGNER LE FROMAGE

Un véritable amateur de fromages les déguste avec un bon pain de campagne. Cependant, beaucoup de personnes apprécient les fromages avec une série de condiments, comme le carvi, le paprika, le poivre du moulin, les noix, la ciboulette ou encore l'estragon. Il faut prévoir du beurre et éventuellement des *crackers*. Différents pains sont toujours bienvenus pour se marier avec les différents fromages.

CONSERVATION DES FROMAGES

Les fromages frais doivent rester au réfrigérateur.

Les pâtes pressées doivent être enveloppées dans une feuille d'aluminium pour éviter le contact de l'air.

Les chèvres peuvent rester à l'air ambiant, sur une petite claie de bois. Si l'on désire les faire sécher, il faut les espacer les uns des autres et les laisser dans un environnement sain, sec et frais.

Les fromages à pâte molle et à croûte fleurie ou lavée ne doivent pas entrer au réfrigérateur. Le meilleur pour eux est de les laisser à l'air libre, emballés dans une mousseline à beurre humide.

Les pâtes persillées peuvent être enveloppées dans une feuille de papier d'aluminium et mises dans le bac à légumes, au réfrigérateur.

CALENDRIER DE SAISON DES PRINCIPAUX FROMAGES

	Janvier	Février	Mars	Avril	Mai	Juin	Juillet	Août	Sept	Oct	Nov	Déc
Banon					✿	✿	☀	☀	☀	🍂		
Beaufort	❄	❄	❄	✿	✿	✿	☀	☀	☀	🍂	🍂	🍂
Bleu d'Auvergne	❄	❄	❄	✿	✿	✿	☀	☀	☀	🍂	🍂	🍂
Brie	❄	❄	❄	✿	✿					🍂	🍂	🍂
Boulette d'Avesnes	❄	❄	❄	✿	✿					🍂	🍂	🍂
Camembert	❄	❄	❄	✿	✿					🍂	🍂	🍂
Cantal	❄	❄	❄	✿	✿	✿	☀	☀	☀	🍂	🍂	🍂
Chabichou					✿	✿	☀	☀	☀	🍂		
Chaource	❄	❄	❄	✿	✿					🍂	🍂	🍂
Comté	❄	❄	❄	✿	✿	✿	☀	☀	☀	🍂	🍂	🍂
Coulommiers	❄	❄	❄	✿	✿					🍂	🍂	🍂

	Janvier	Février	Mars	Avril	Mai	Juin	Juillet	Août	Sept	Oct	Nov	Déc
Crottin de Chavignol				✿	✿	✿	☀	☀	☀	🍃		
Emmental	❄	❄	❄	✿	✿	✿	☀	☀	☀	🍃	🍃	🍃
Époisses	❄	❄	❄	✿	✿					🍃	🍃	🍃
Gaperon	❄	❄	❄	✿	✿					🍃	🍃	🍃
Livarot	❄	❄	❄	✿	✿	☀					🍃	🍃
Maroilles	❄	❄	❄	✿	✿	☀					🍃	🍃
Munster	❄	❄	❄	✿							🍃	🍃
Olivet cendré	❄	❄	❄	✿	✿	☀					🍃	🍃
Sainte-maure					✿	☀	☀	☀	🍃	🍃		
Saint-nectaire	❄	❄	❄	✿	✿	☀	☀	☀	🍃	🍃	🍃	🍃
Vacherin				✿	✿	☀						
Valençay					✿	☀	☀	☀	🍃	🍃		

LES VINS

Prestigieux savoir-faire français, le vin fait partie de notre patrimoine historique, culturel et économique. On dit que le raisin est à la fois le fruit de la vigne et l'enfant du vigneron : tous deux s'associent aux climats, terres et cépages. Cela donne notre très bon vin, de quelque région que ce soit.

HISTOIRE DU VIN ET DE LA VIGNE

Partons en Mésopotamie[1] où, il y a plus de six mille ans, on cultivait déjà la vigne. Celle-ci est plantée en Égypte dès le deuxième millénaire avant Jésus-Christ, puis en terre hellène (Grèce antique). Les Grecs, initiateurs du vin en Europe méditerranéenne, installent la vigne en Sicile et en Italie méridionale pour transmettre leur savoir-faire aux Romains, qui eux-mêmes transmettront ce talent aux Gaulois.

Les premières cultures viticoles en Gaule ne sont datées que de 600 avant l'ère chrétienne. Elles seraient apparemment dues aux Phocéens, des colonisateurs grecs d'Asie Mineure, installés à Massalia (aujourd'hui Marseille). La vigne gagna tout naturellement les provinces gauloises par les Romains qui en plantèrent partout où ils passaient. Le vignoble dut s'endurcir face à nos climats neigeux, froids et pluvieux.

Au Ier siècle, la Gaule, grande productrice de vin, exporte son breuvage vers tout l'Empire romain. Cependant, cela déplaît à l'empereur Domitien, dont la patrie est également productrice. Il ordonne l'arrachage de la moitié des vignes gauloises pour laisser place au vin romain. Il faut attendre 276 pour que Probus, empereur romain lui aussi, autorise à nouveau l'exportation du vin gaulois.

La viticulture se développe peu à peu jusqu'à la région septentrionale. Cela s'explique par les richesses qu'apporte le vin, mais aussi par les difficultés que représente son transport.

---

1. Une région qui correspond à l'Irak actuelle, combinée à une partie du sud de la Turquie, de l'est de la Syrie et de la frange ouest de l'Iran.

En 476, à la suite de la chute de l'Empire romain d'Occident, la viticulture doit reculer, mais elle parvient à rester dans certaines de nos régions. Elle se développera à nouveau au Moyen Âge, dans les cours des abbayes et autres lieux de communion. Les ecclésiastiques sont poussés à cultiver la vigne suite aux prescriptions du Concile d'Aix-la-Chapelle en 816. Ils doivent produire le vin de messe. Ce breuvage a également une valeur d'échange importante, et permet d'honorer les hôtes de marque. Pour les remercier de ce vin, les nobles offrent aux hommes d'Église de la terre pour cultiver davantage de vigne. Le vin et la vigne contribueront à la gloire et la puissance de l'Église.

C'est à partir du XVe siècle que la vigne et le vin voyagent jusqu'en Amérique et sur les autres continents. Appréciée aux quatre coins du globe, la vigne gagne de nouveaux territoires, comme l'Afrique du Sud, l'Australie ou la Nouvelle-Zélande.

De nos jours, la vigne couvre huit millions d'hectares dans le monde. La France possède la deuxième plus grande superficie viticole, devancée par l'Espagne. Nous sommes également les deuxièmes en production, derrière l'Italie depuis 2005.

LA BASE D'UNE BELLE ET BONNE CAVE

Une cave peut valoir une véritable fortune. Voici la liste des premières bouteilles à acquérir pour constituer une bonne cave.

- 12 bouteilles de vin blanc à boire jeune, pouvant accompagner la plupart des hors-d'œuvre.

Le choix de l'auteur : blancs de Loire, tels qu'un Montlouis ou un Quincy.

- 12 bouteilles de vin blanc pouvant accompagner les entrées.

Le choix de l'auteur : bordeaux blancs Entre-deux-mers (AOC).

- 24 bouteilles de vin rouge pour accompagner les viandes et les fromages.

Le choix de l'auteur : 12 bouteilles de bordeaux rouge Saint-Émilion ou premières côtes de Blaye et 12 bouteilles de bourgogne Pernand-Vergelesses ou côte de Nuits.

- 3 bouteilles d'un bon champagne brut.

Vous voilà paré à toute éventualité.

Pour enrichir votre cave, et selon votre budget, il ne vous reste plus qu'à vous passionner pour les différents vignobles et à vous constituer une carte des vins en fonction de vos besoins, de vos goûts, ou selon la collection que vous souhaitez constituer.

COMMENT DÉGUSTER UN VIN : L'ÂGE, LA TEMPÉRATURE, LES RÈGLES DE DÉGUSTATION

L'ÂGE

Autrefois, plus un vin était vieux, meilleur il était. Cette règle est toujours exacte mais, de nos jours, on préfère le vin jeune. Si vous avez la patience d'attendre quelques années, le vieillissement est favorable au développement et à la plénitude du vin.

Il n'est pas possible d'indiquer un temps de garde pour le vin car aucune règle n'existe ou plutôt, chaque vin est différent, et tous n'apprécient pas le même vieillissement.

LA TEMPÉRATURE

Non seulement nous buvons désormais des vins plus jeunes, mais on les déguste également plus frais.

Lorsque l'on dit qu'il faut faire chambrer le vin, cela signifie qu'il faut le mettre à température ambiante. Chambrer un vin, c'est donc augmenter sa température de quelques degrés par rapport à celle de la cave. Pour ce faire, il suffit de le laisser séjourner dans une pièce habitée pendant quelques heures. Il ne faut surtout jamais le chauffer.

Pour refroidir un vin, il ne faut jamais le glacer ni le mettre au réfrigérateur car cela le « casse ». Si vous souhaitez frapper votre vin, ne le mettez pas au congélateur, mais placez-le dans un sceau avec de la glace pilée.

TABLEAU DES TEMPÉRATURES AUXQUELLES SERVIR LES DIFFÉRENTS VINS

Blancs secs	6 à 12 °C
Blancs moelleux ou liquoreux	2 à 11 °C
Rosés et vins gris	6 à 12 °C
Rouges légers (beaujolais)	8 à 12 °C
Bourgognes, côtes-du-Rhône, rouges du Midi	10 à 15 °C
Bordeaux rouges	15 à 18 °C
Rouges de Loire	14 à 17 °C
Perlants, pétillants, mousseux, champagnes et vins jaunes	4 à 6 °C
Vins doux naturels	8 à 18 °C

LES RÈGLES DE DÉGUSTATION

- Le vin doit être en adéquation avec le mets qu'il accompagne.
- Le vin ne doit jamais être immédiatement précédé d'un apéritif très alcoolisé ou de saveur particulière.
- Le champagne est un parfait apéritif car il ne nuit pas à la suite du repas.
- Les vins se servent du plus puissant au plus délicat : les blancs secs se servent avant les rouges et avant les blancs liquoreux.
- Le vin ne s'agite pas, et une bouteille doit rester couchée pour éviter tout dépôt.
- Si une sauce a été réalisée avec une base de vin, il vous faut servir avec un vin de même nature pour ne pas dénaturer le plat.
- Le tabac et la fumée sont deux grands ennemis de la délicatesse gourmande : on ne doit jamais fumer avant le dessert.

PETIT HISTORIQUE RAPIDE DE LA CUISINE

D'APICIUS À CATHERINE DE MÉDICIS

Partons au IVe siècle, chez les Romains, pour trouver le premier livre de cuisine. Il s'agit de *De re coquinaria* ou *L'Art culinaire*, attribué à Apicius, célèbre gastronome du Ier siècle dont le nom était devenu proverbial à Rome pour désigner un gastronome, y compris trois siècles plus tard. Cet ouvrage nous transmet l'art des pâtes, brochettes, quenelles, beignets et autres pâtes à choux…

Aux XIIIe et XIVe siècles, deux grands maîtres transmettent à leur tour la base de la cuisine dans un livre. Il s'agit du *Viandier* de Guillaume Tirel, dit Taillevent, en 1380 et du *Ménagier de Paris*, un manuscrit attribué à un bourgeois parisien de l'époque, et publié pour la première fois par le baron Jérôme Pichon en 1846. En comparant leurs recettes à celles des Anglais, Italiens ou Espagnols, on constate que la gastronomie française a déjà une spécificité pour l'époque.

Au XVIe siècle, un repas peut comprendre entre trois et douze services. Parce que les hôtes avaient le sens du spectacle grandiose, et afin de surprendre les convives, les plats étaient posés ensemble, puis retirés ensemble pour être remplacés par une autre série de plats, et ainsi de suite. Plus il y avait de plats, plus cela montrait la richesse de l'hôte qui recevait. Ce service dit « à la française » est devenu très courant à partir de la Renaissance. Il s'oppose au service « à la russe », forme du service individuel introduite au XIXe siècle.

Au Moyen Âge, on mangeait avec un couteau, une cuillère et ses doigts. La fourchette fut introduite à la cour du roi au XVIe siècle par Catherine de Médicis. L'assiette, quant à elle, est apparue en 1538, d'abord en métal, puis en céramique. Auparavant, on mangeait sur une épaisse tranche de pain appelée « tranchoir ».

DE NOUVEAUX INGRÉDIENTS

Après l'ouverture de l'Europe occidentale sur le reste du monde, et notamment vers les Amériques, de nouveaux produits arrivent dans nos contrées : dinde, chocolat, café, thé, pomme de terre, tomate... Au XVIIe siècle, les cuisiniers associent et apprivoisent ces différents mets, sauf la pomme de terre. En effet, il faudra attendre 1772 pour que les travaux d'Antoine Parmentier et de la Faculté de Paris démontrent que la pomme de terre est propre à la consommation humaine. Avant, ce tubercule était réservé au bétail.

Toujours à cette époque, les fruits sont à la mode et consommés à tout va. Marmelades, confitures et compotes se développent à ce moment. Un siècle plus tard, au XVIIIe, on invente le champagne, la crème chantilly et la mayonnaise.

DE BOULANGER À LA GRANDE CUISINE FRANÇAISE

À la fin de l'Ancien Régime (époque des monarchies absolues, conclue par la Révolution) apparaît le mot « restaurant », qui désigne une boisson réconfortante et qui au XVIIIe siècle devient un lieu de restauration. Le premier restaurateur est Boulanger, qui est rapidement suivi par Antoine Beauvilliers. Les restaurants prennent de l'ampleur au fil du temps et les premiers critiques gastronomiques font leur apparition.

La littérature culinaire se développe avec la *Physiologie du goût* de Brillat-Savarin, ou encore Alexandre Dumas, qui met la main à la pâte en rédigeant le *Dictionnaire de cuisine*. Charles Monselet crée le premier journal gastronomique.

Au XIXe siècle, la bourgeoisie éprouve le besoin d'écrire les menus en les ornant de peintures et gravures réalisées par des artistes. La cuisine française devient raffinée, et le service à la française s'arrête pour laisser place au service à la russe. C'est à cette époque que la tradition culinaire se renouvelle avec de nouveaux chefs, connus et reconnus à l'heure actuelle, comme Antonin Carême (1784-1833), le « roi des chefs et le chef des rois », Jules Gouffé (1807-1877), l'« apôtre de la cuisine décorative », et Adolphe Dugléré (1805-1884).

Auguste Escoffier (1846-1935) est également de la partie. Il est nommé, comme Carême, « roi des cuisiniers et cuisiniers des rois ». Chef de cuisine du Grand-Hôtel de Monte-Carlo, du Carlton à Londres, et collaborateur de César Ritz, il modifie, modernise et codifie la grande cuisine raffinée créée par Antonin Carême. Il développe la brigade de cuisine en rationalisant les tâches.

DU XXE SIÈCLE À LA CUISINE MOLÉCULAIRE

La cuisine française n'a de cesse d'évoluer et de se réinventer, même depuis le siècle dernier. En 1938 parait la première édition de l'ouvrage de référence de tous les cuisiniers, le *Larousse gastronomique* de Prosper Montagné (1865-1948), d'ailleurs préfacé par Auguste Escoffier lui-même. À la même époque, en 1928, Curnonsky, « Prince des gastronomes », fonde avec Marcel Rouff et d'autres grands noms de la gastronomie française l'Académie des Gastronomes.

Grâce à tous nos chefs, comme Troisgros, Bocuse, Robuchon et tant d'autres, la cuisine française est célèbre dans le monde entier. En 2010, le repas gastronomique des Français est même entré dans le cercle fermé de l'Unesco, au patrimoine culturel immatériel de l'humanité.

La gastronomie moléculaire, quant à elle, est apparue en 1988 avec Nicholas Kurti et Hervé This. Elle étudie les phénomènes culinaires. Hervé This, à la mort de Nicholas Kurti, définit trois objectifs : explorer la composante technique de la cuisine, explorer la composante artistique de la cuisine et explorer la composante relationnelle de la cuisine. Grâce à cette étude, de nombreux chefs (Ferran Adrià, Thierry Marx, etc.) ont revisité la cuisine. La cuisine moléculaire joue avec les sensations, mais son étude a aussi permis de chercher les degrés de l'absorption d'un aliment ou la température idéale de cuisson mais aussi de dégustation.

REMERCIEMENTS

Merci à mon conjoint, Anthony, qui me soutient et qui goûte ce que je réalise. Merci à mes parents, Régine et Patrice Chenuet, et à ma sœur, Émilie. Merci à Camille, Simon, Morgan, Jean-Christophe, Laura, Soline, Nolan, Brigitte, Jean-Luc.

Un immense merci aux chefs étoilés David Gallienne, Michel Roth, Guy Legay, Georges Blanc et Guy Savoy pour leurs préfaces ainsi que leurs encouragements.

Merci aux Éditions Kiwi et à mon éditrice de talent, Paloma Gressien, sans qui rien n'existerait.

Merci à vous qui avez entrouvert ce livre et qui lisez ces petites lignes.

MES RECETTES ORIGINALES

RECETTE POUR ...... PERSONNES
PRÉPARATION : ...... MIN
CUISSON : ...... MIN
REPOS : ...... MIN

LE PANIER DU MARCHÉ

MES RECETTES ORIGINALES

RECETTE POUR ...... PERSONNES
PRÉPARATION : ...... MIN
CUISSON : ...... MIN
REPOS : ...... MIN

LE PANIER DU MARCHÉ

MES RECETTES ORIGINALES

RECETTE POUR ...... PERSONNES
PRÉPARATION : ...... MIN
CUISSON : ...... MIN
REPOS : ...... MIN

LE PANIER DU MARCHÉ

MES RECETTES ORIGINALES

RECETTE POUR ...... PERSONNES
PRÉPARATION : ...... MIN
CUISSON : ...... MIN
REPOS : ...... MIN

LE PANIER DU MARCHÉ

Dépôt légal : mai 2021.
Achevé d'imprimer en UE
par Printcorp
N° d'impression : 21040233